THIS

COLORING BOOK

BELONGS TO:

_____

_____

Color Chart

○ ○ ○ ○ ○

_____ _____ _____ _____ _____

○ ○ ○ ○ ○

_____ _____ _____ _____ _____

○ ○ ○ ○ ○

_____ _____ _____ _____ _____

○ ○ ○ ○ ○

_____ _____ _____ _____ _____

○ ○ ○ ○ ○

_____ _____ _____ _____ _____

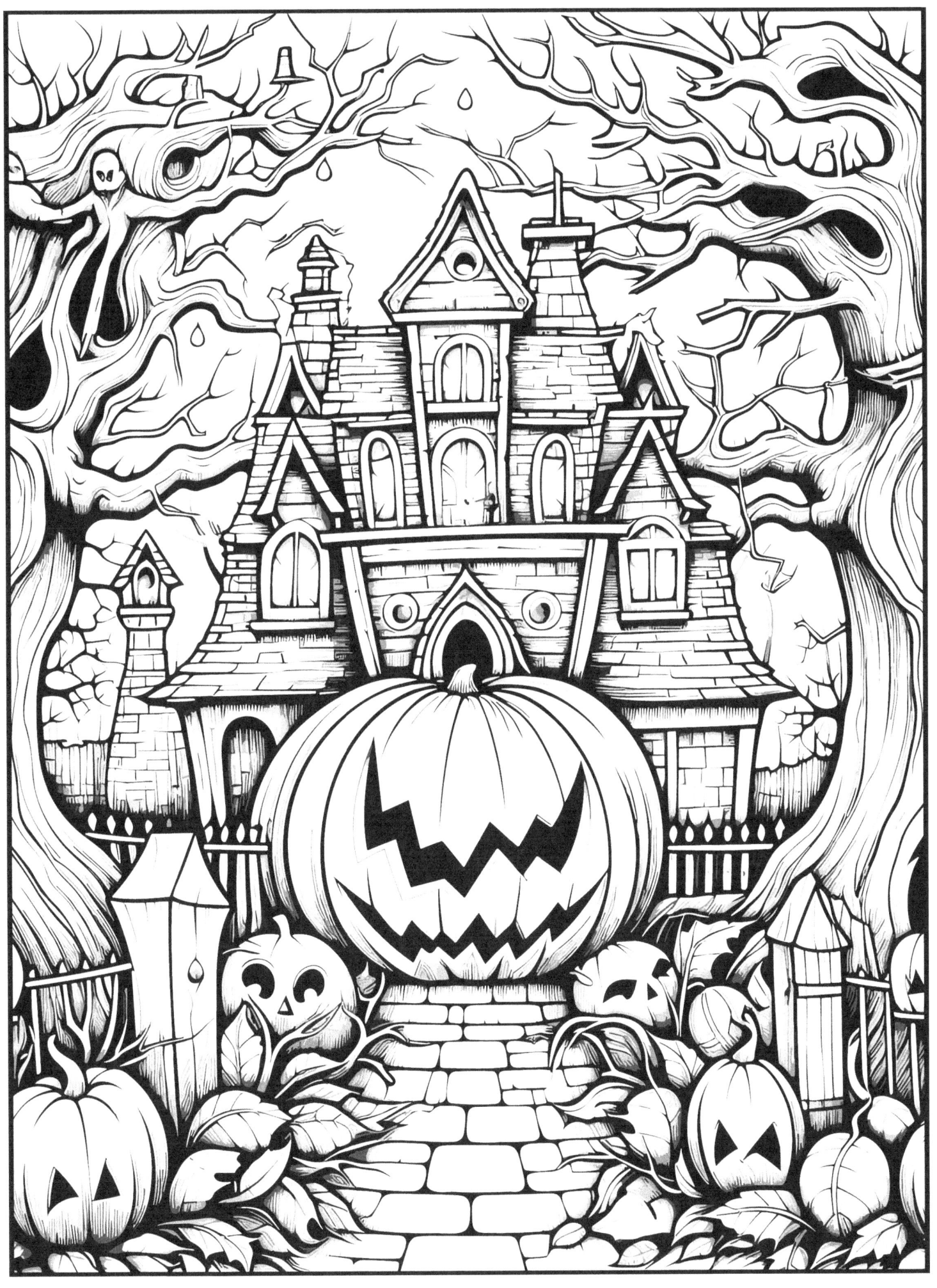

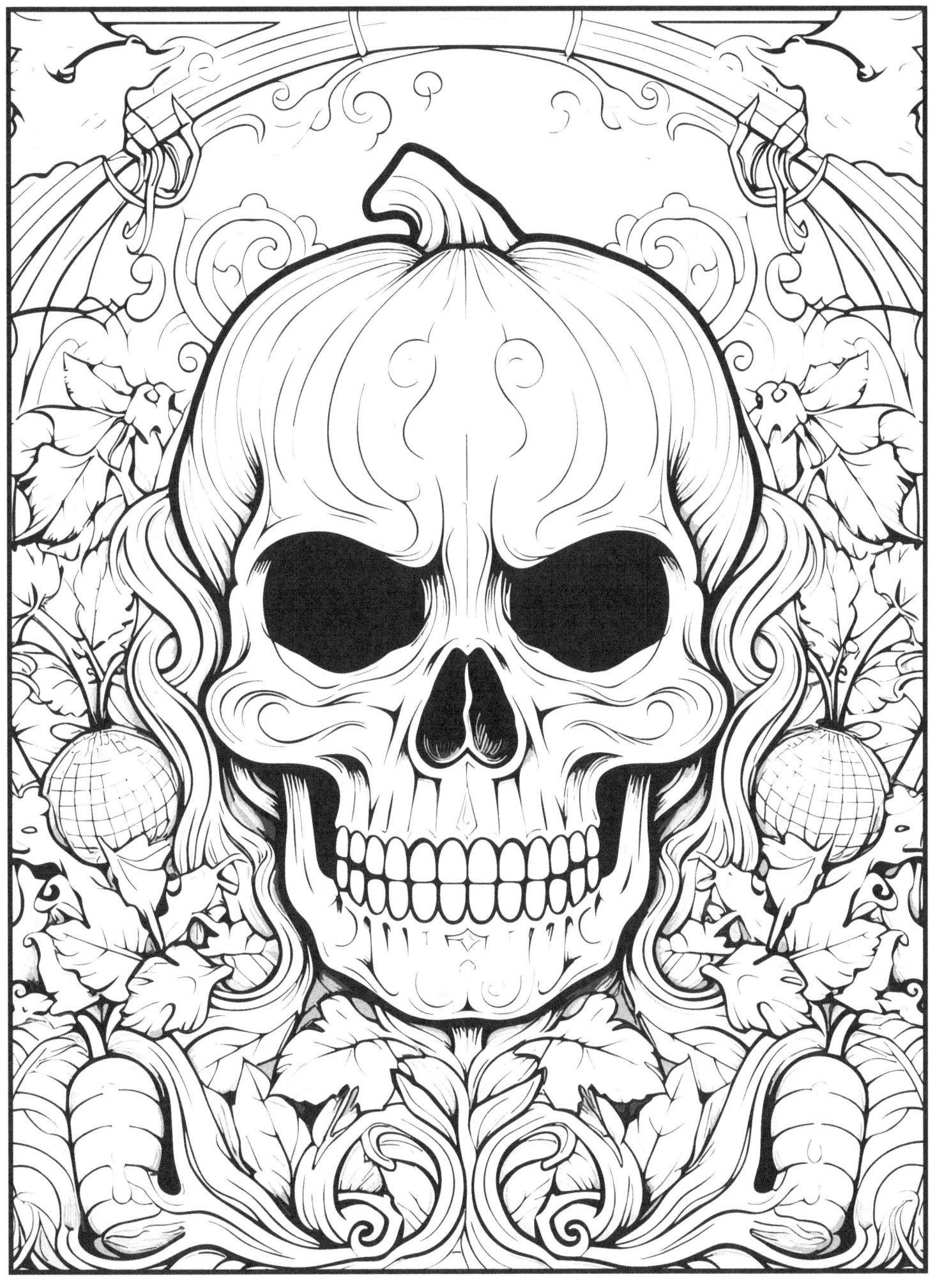

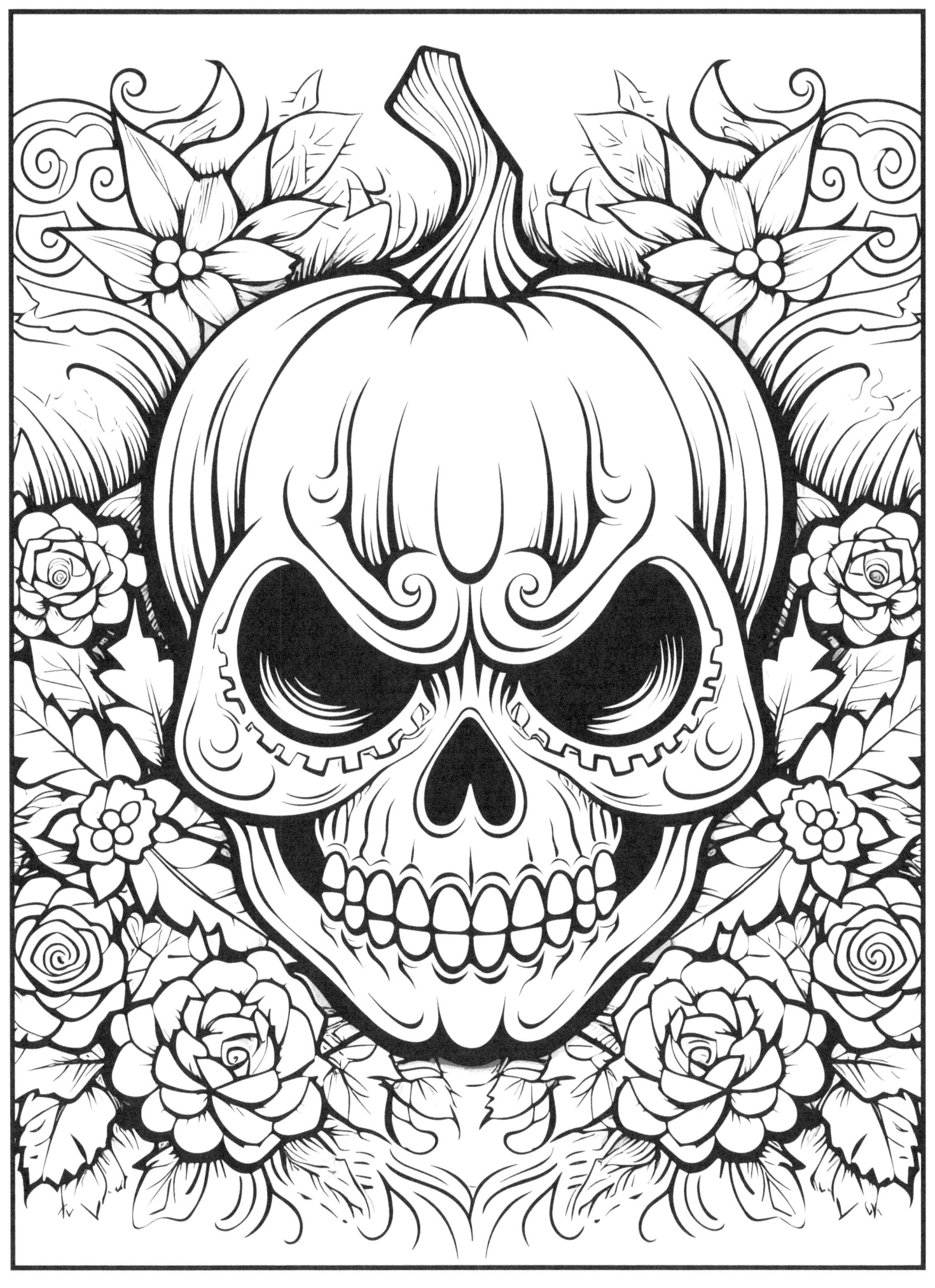

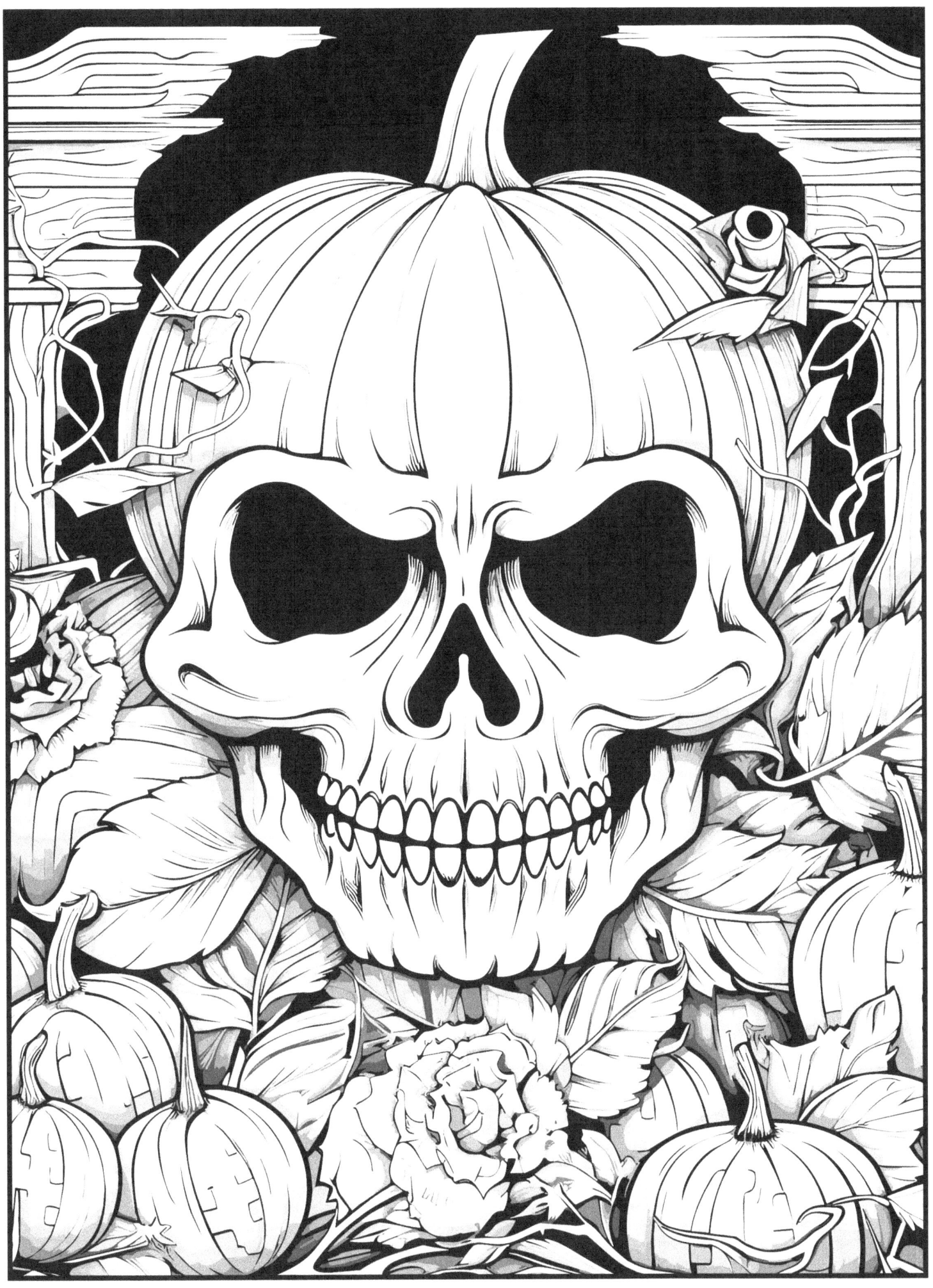

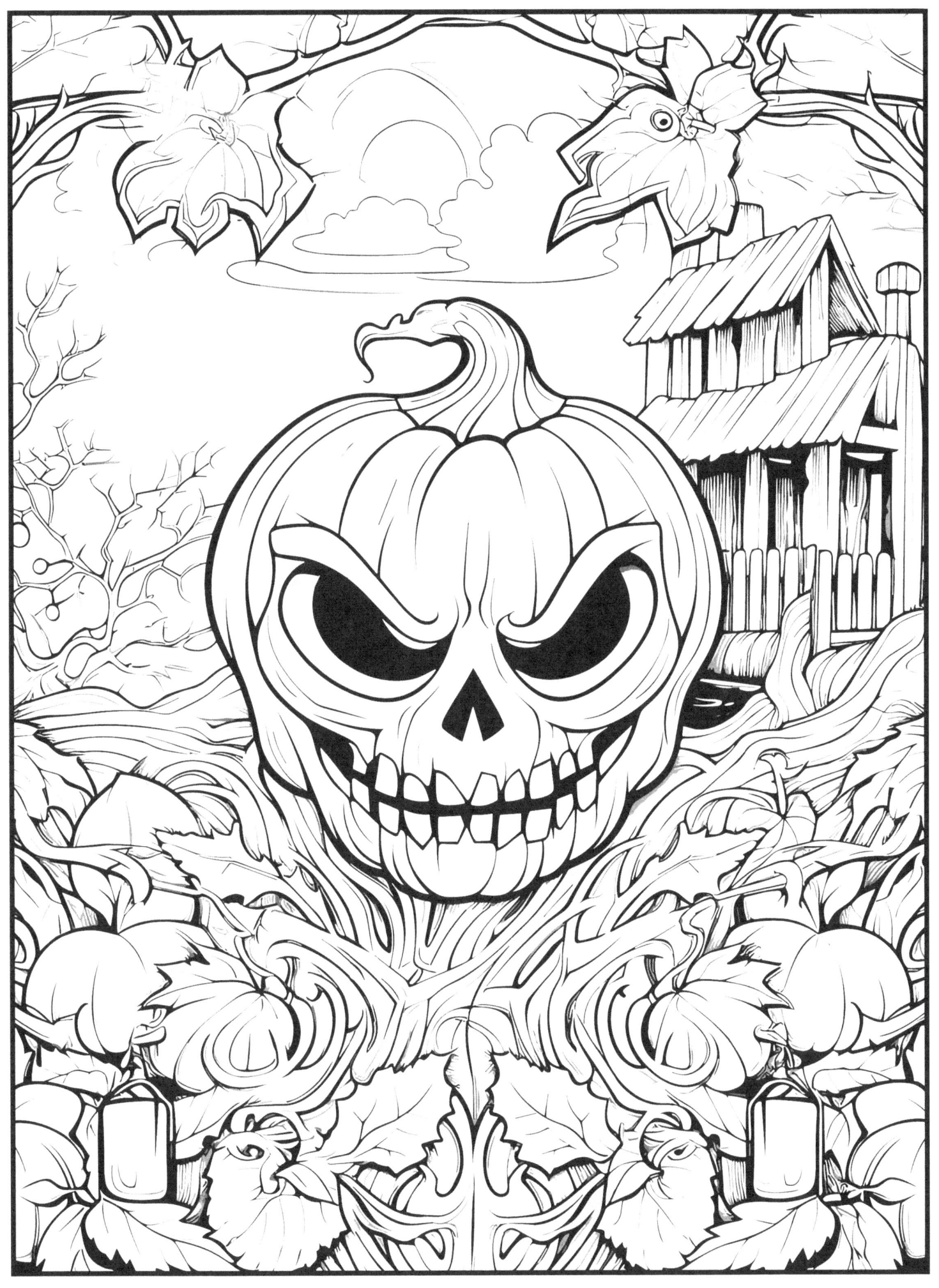

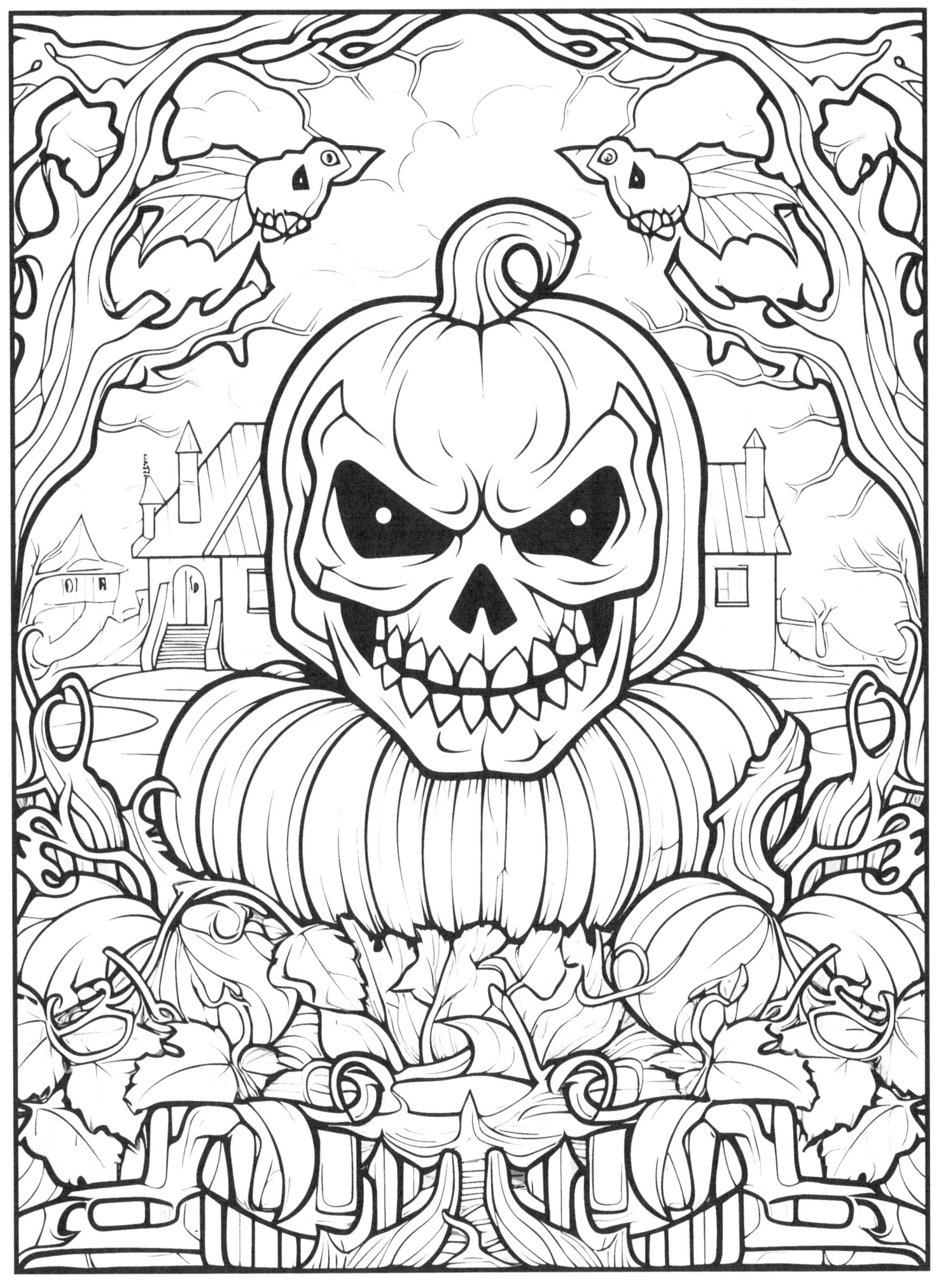

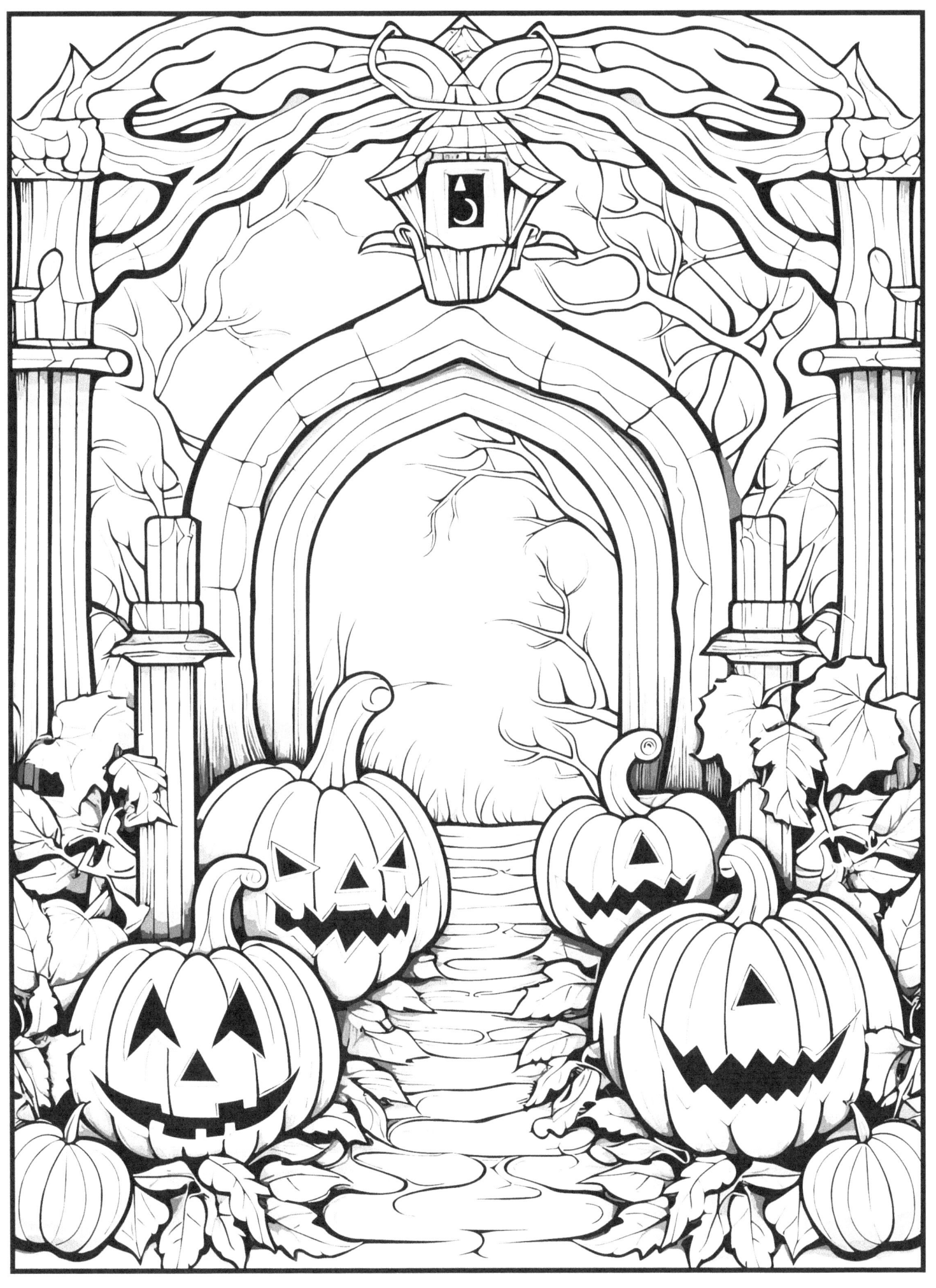

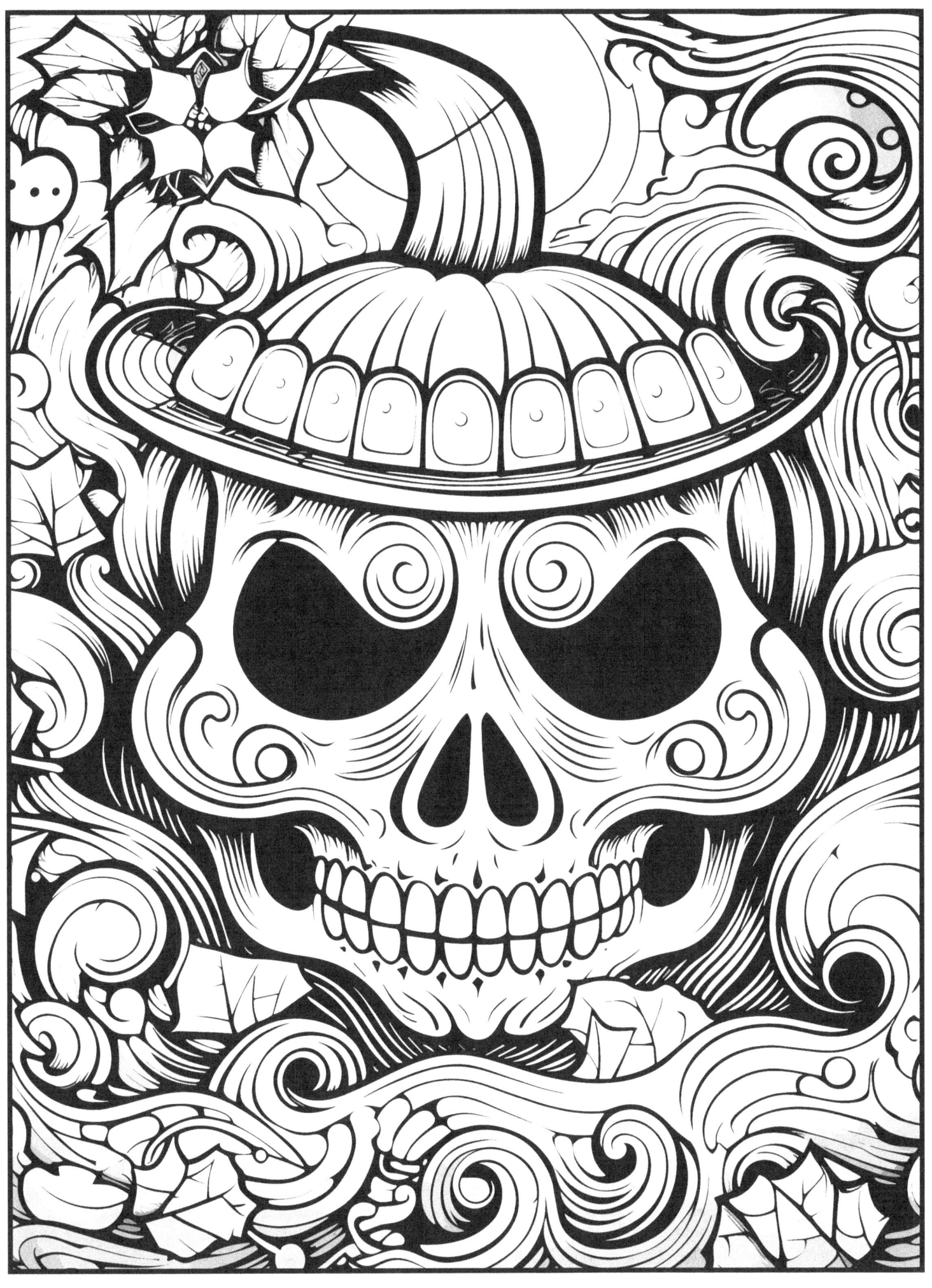

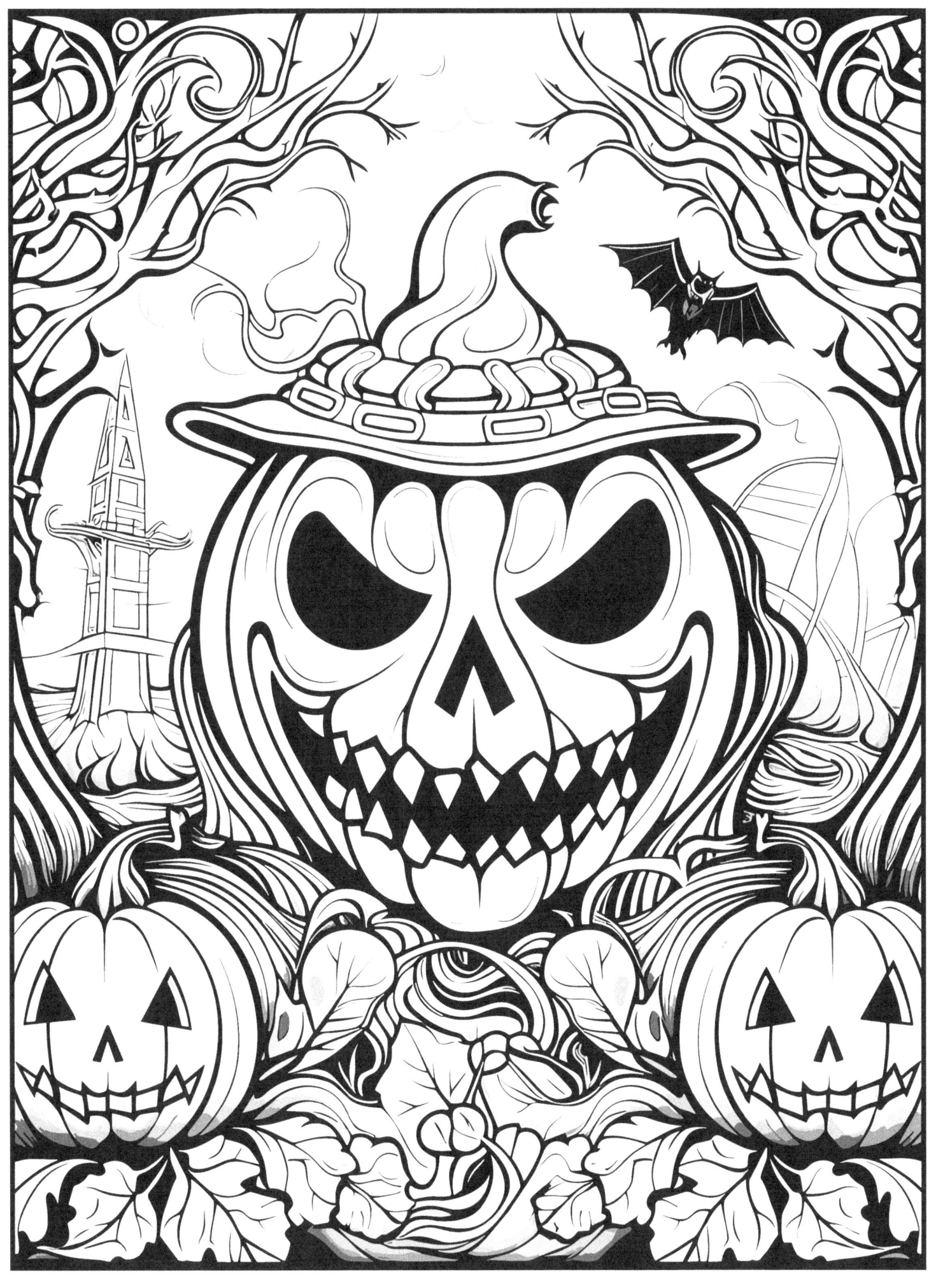

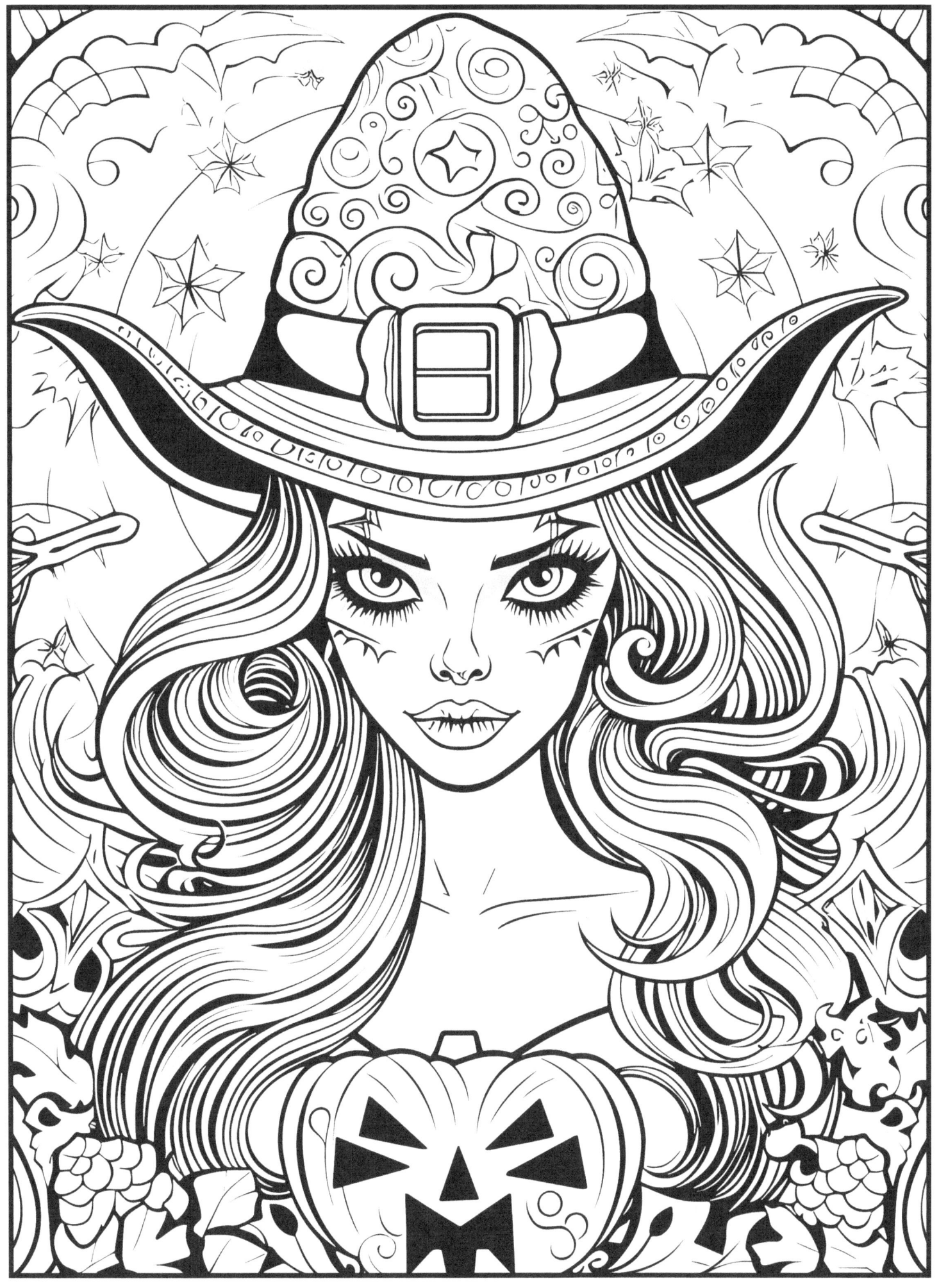

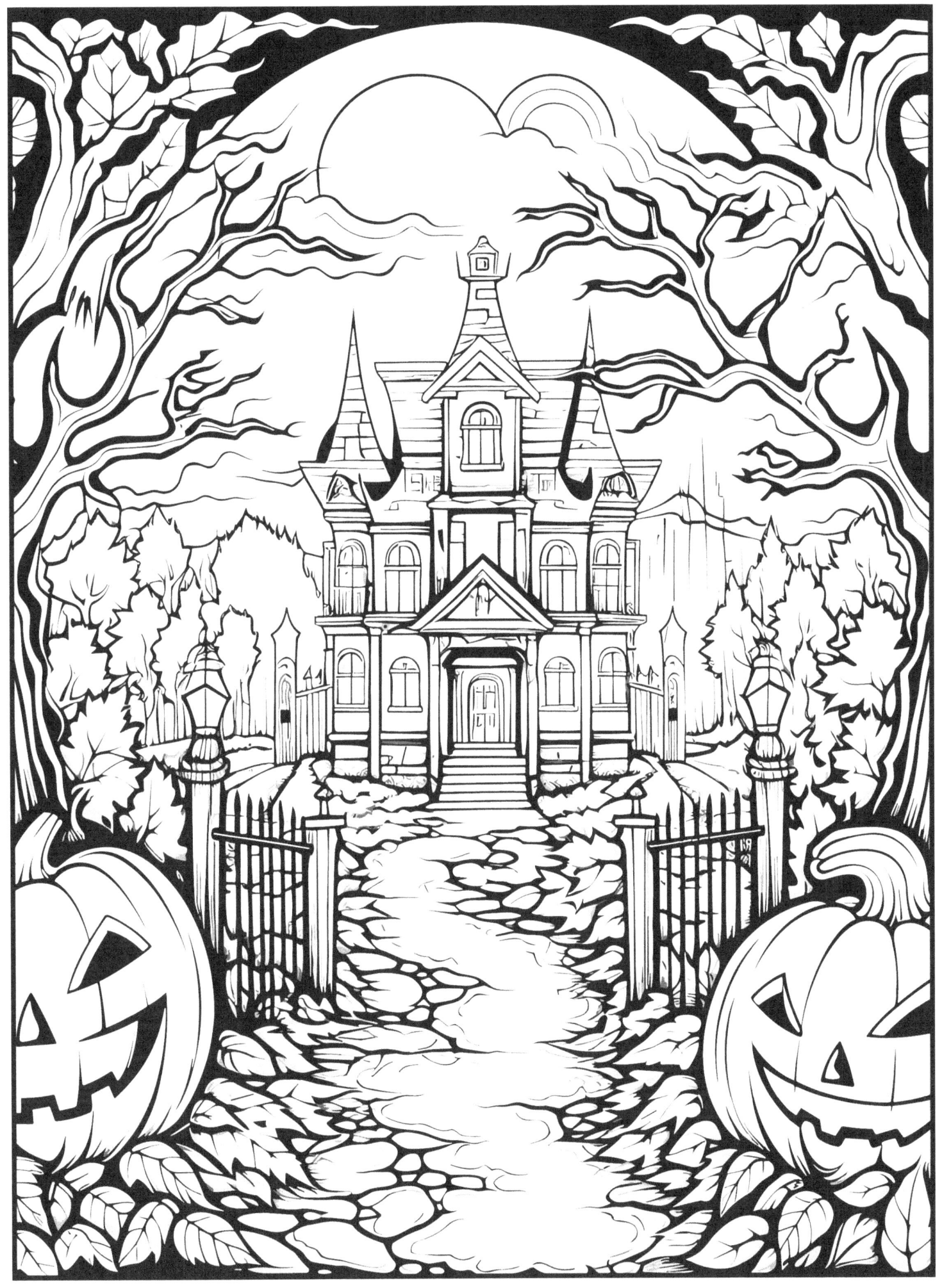

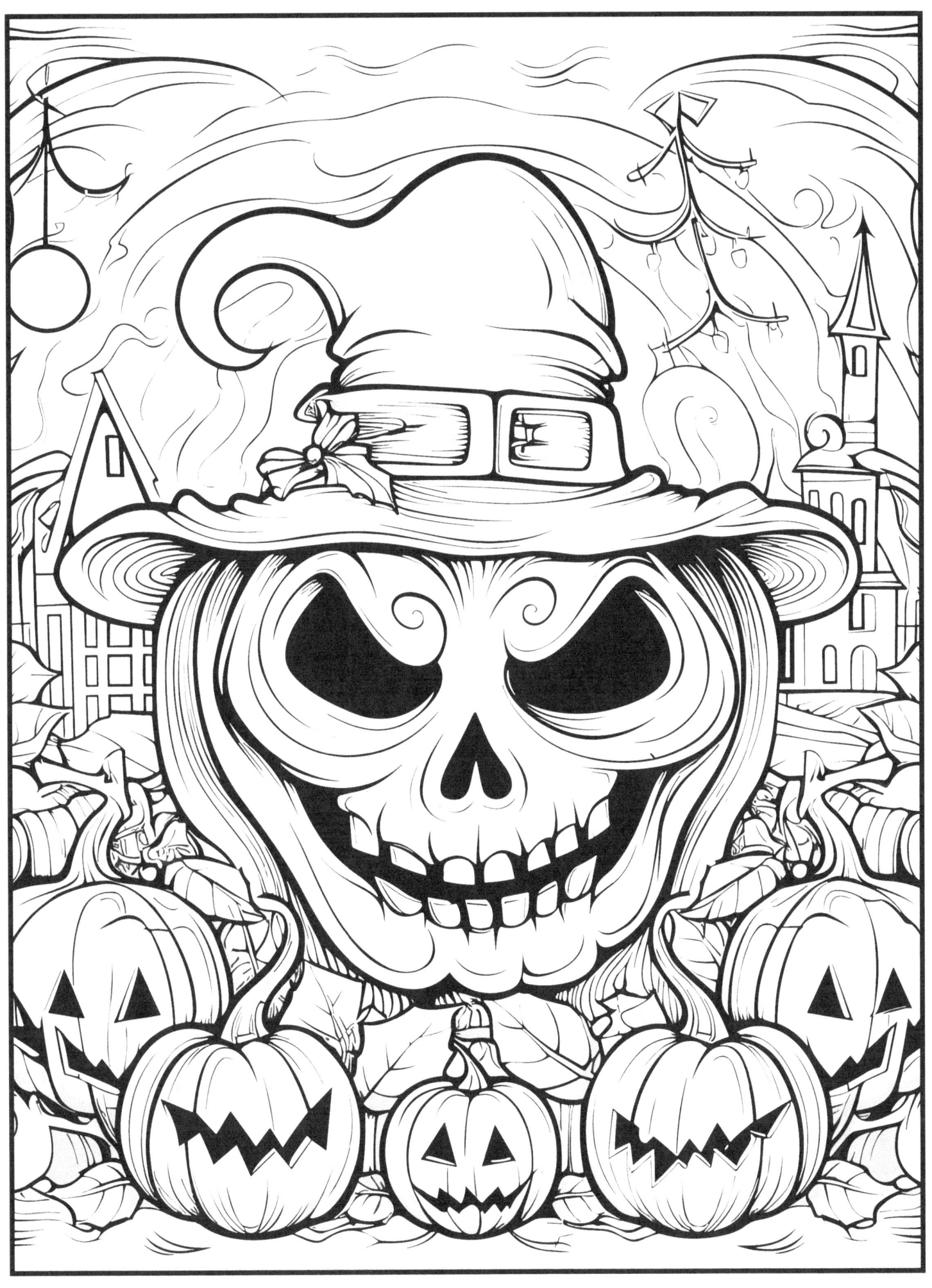

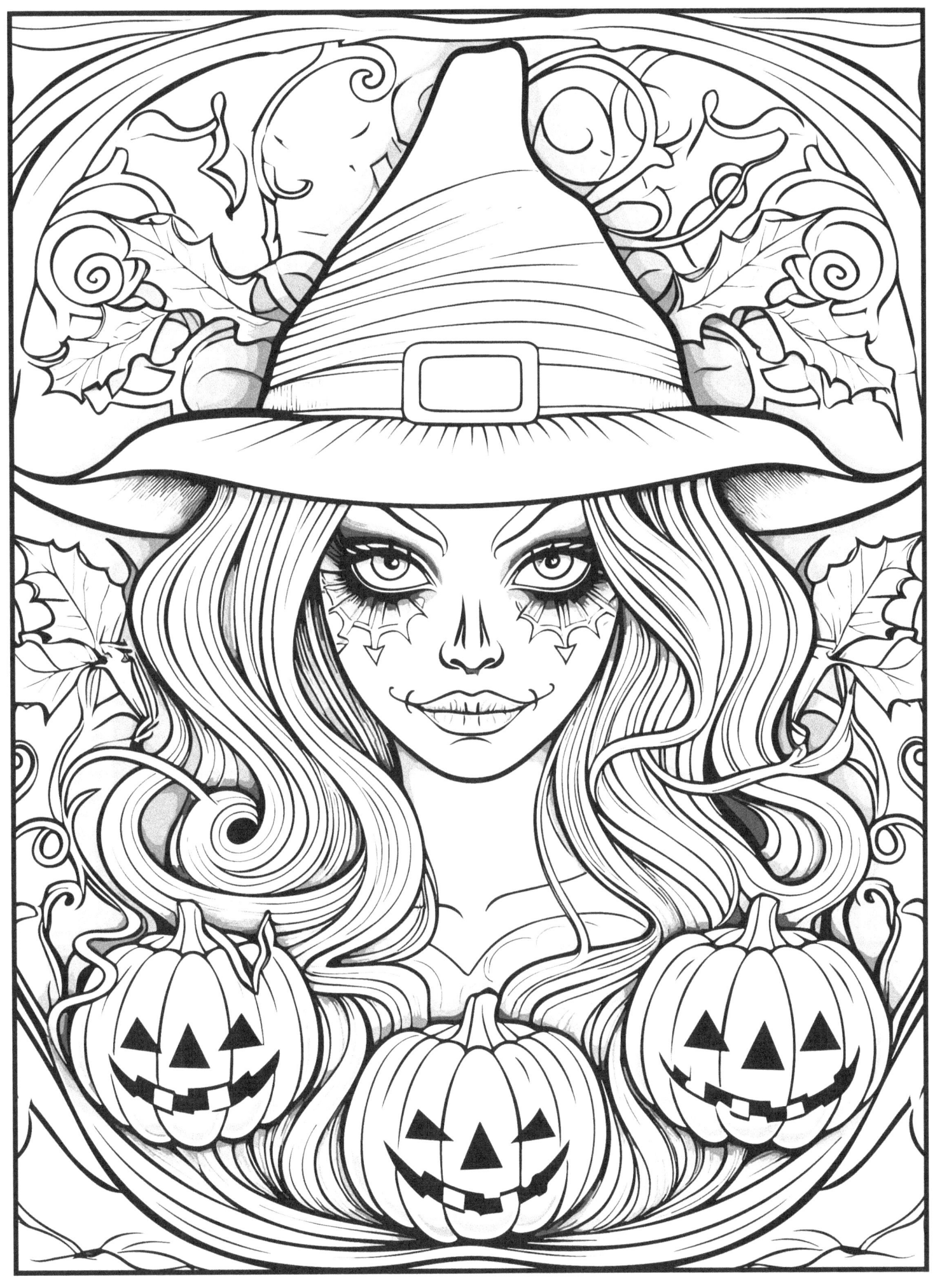

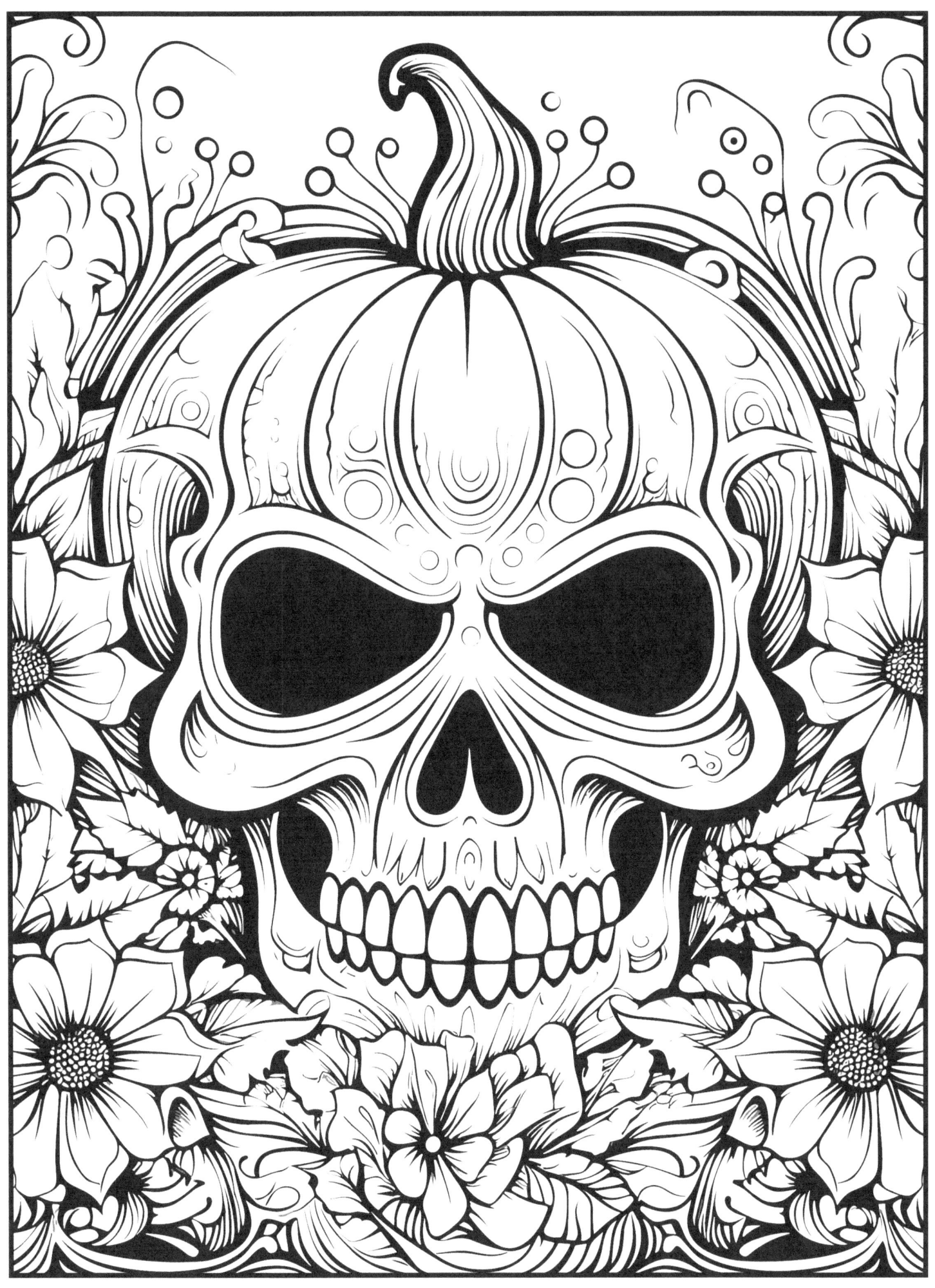

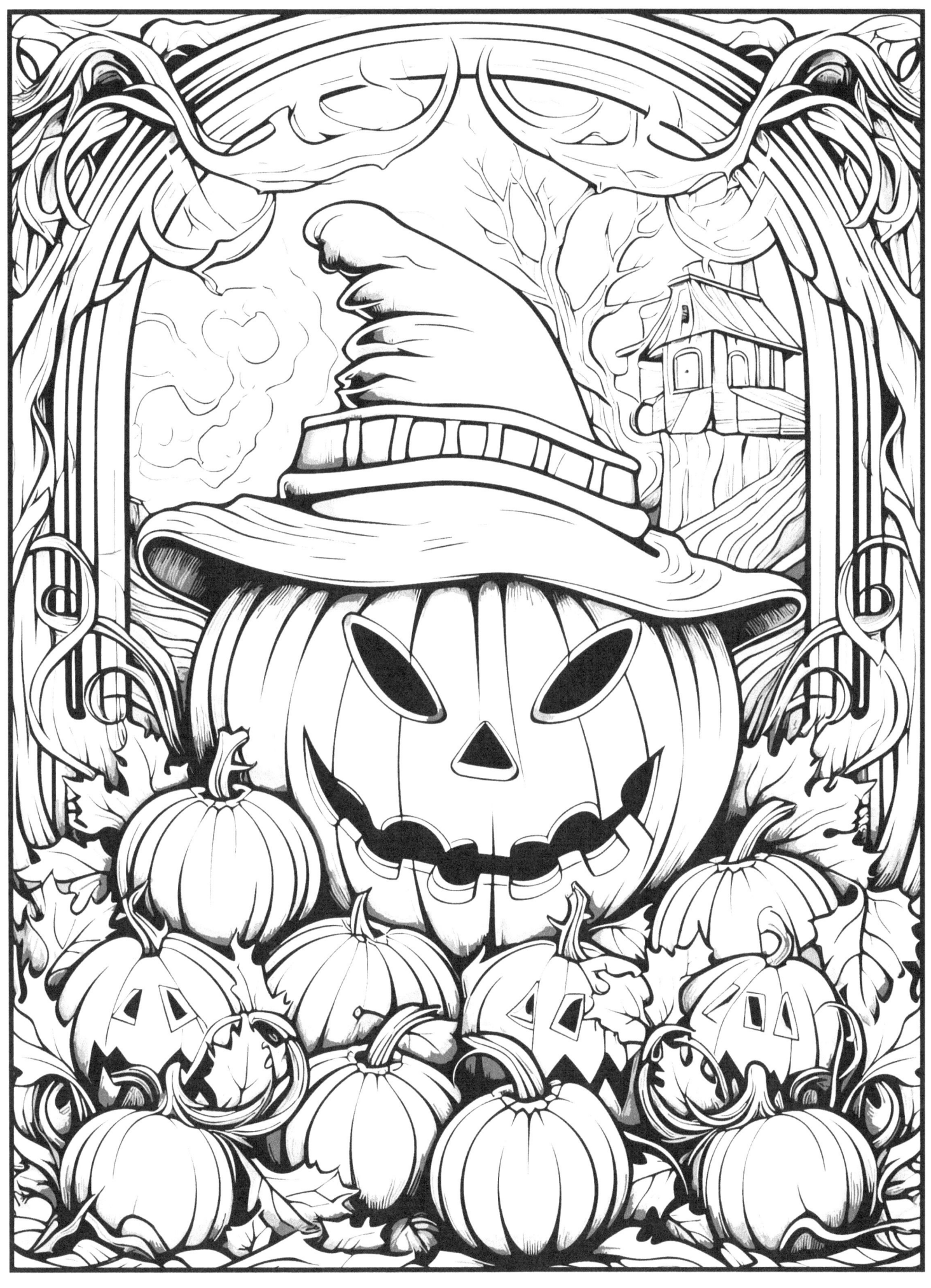

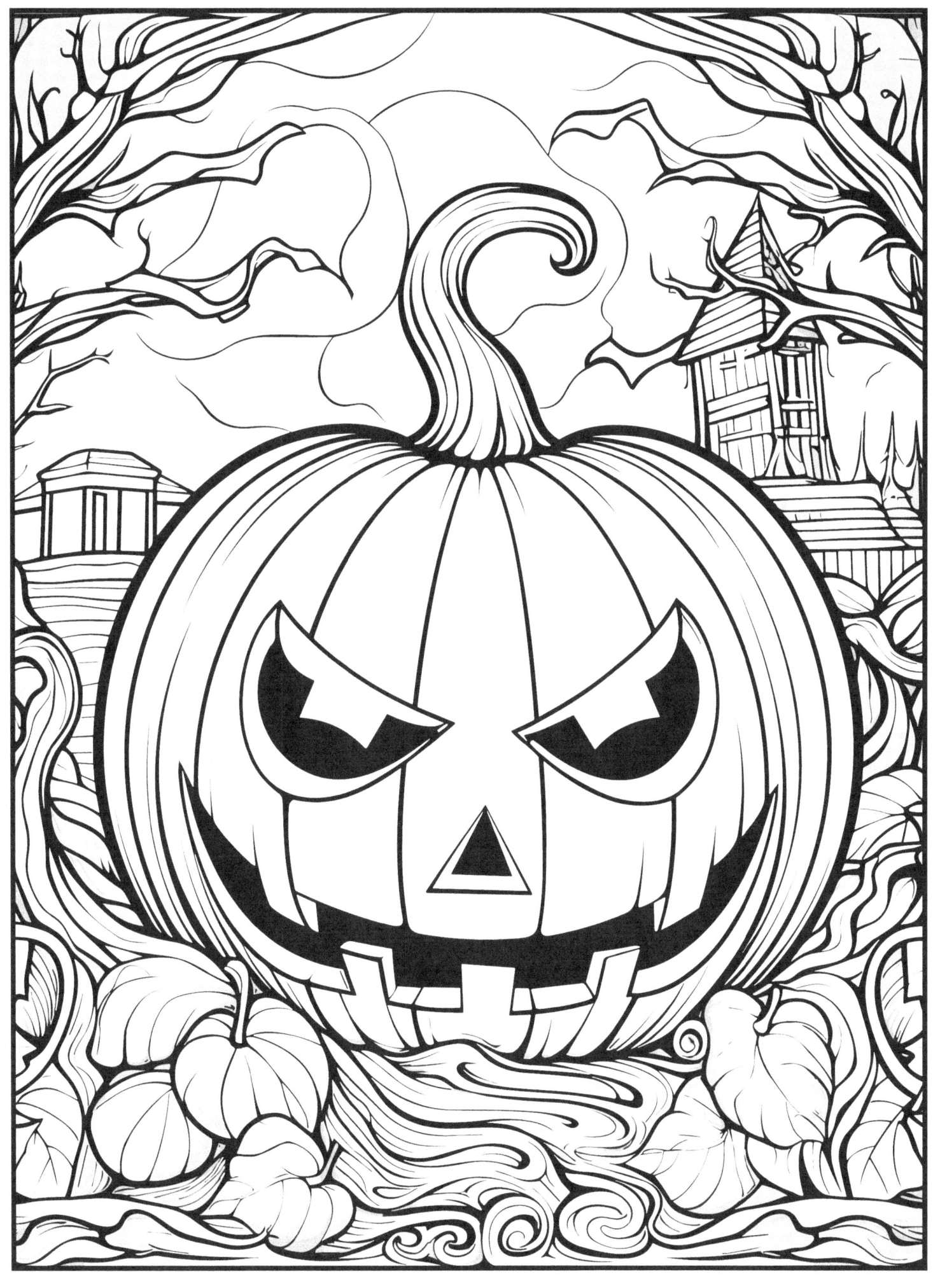

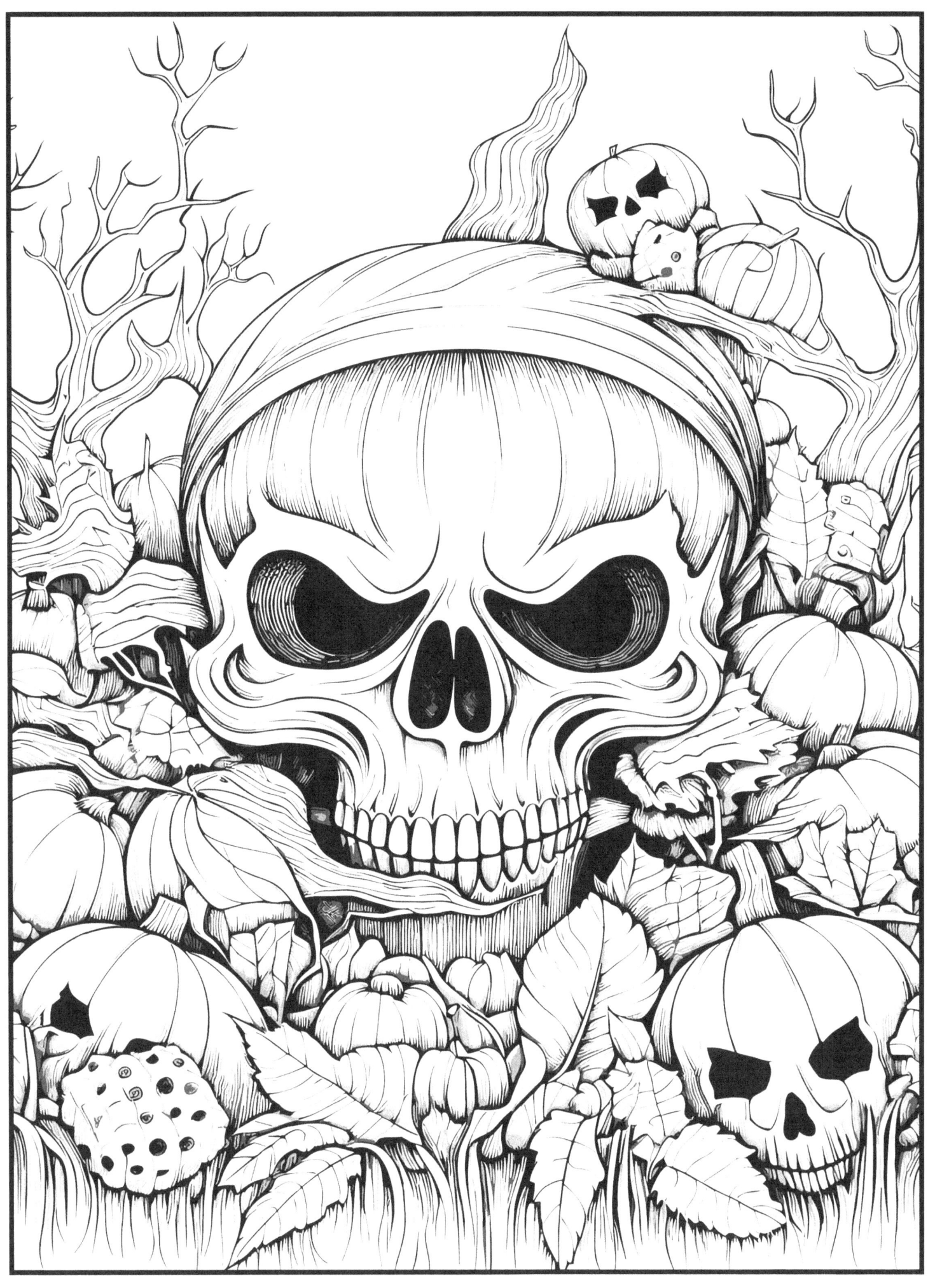

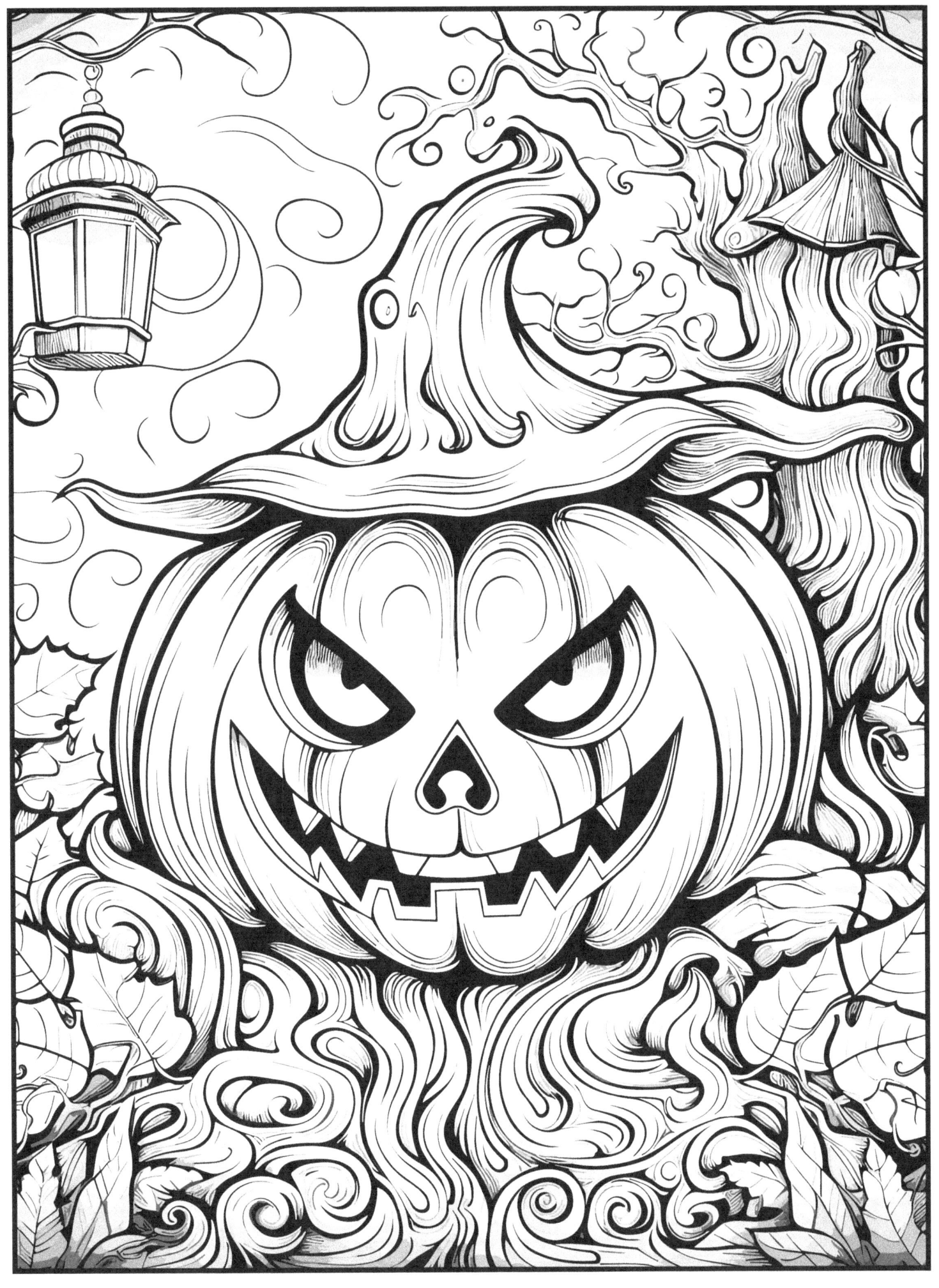

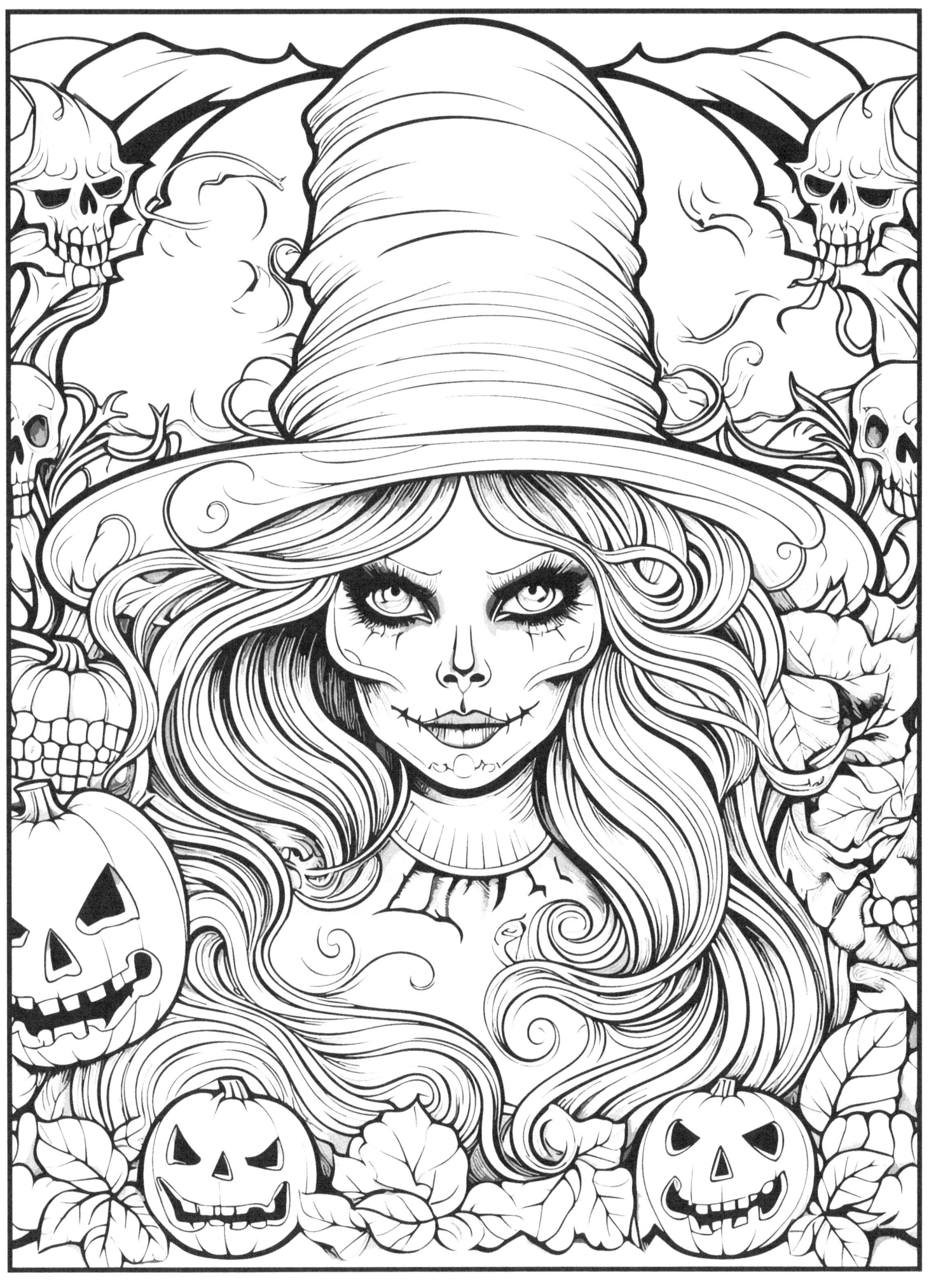

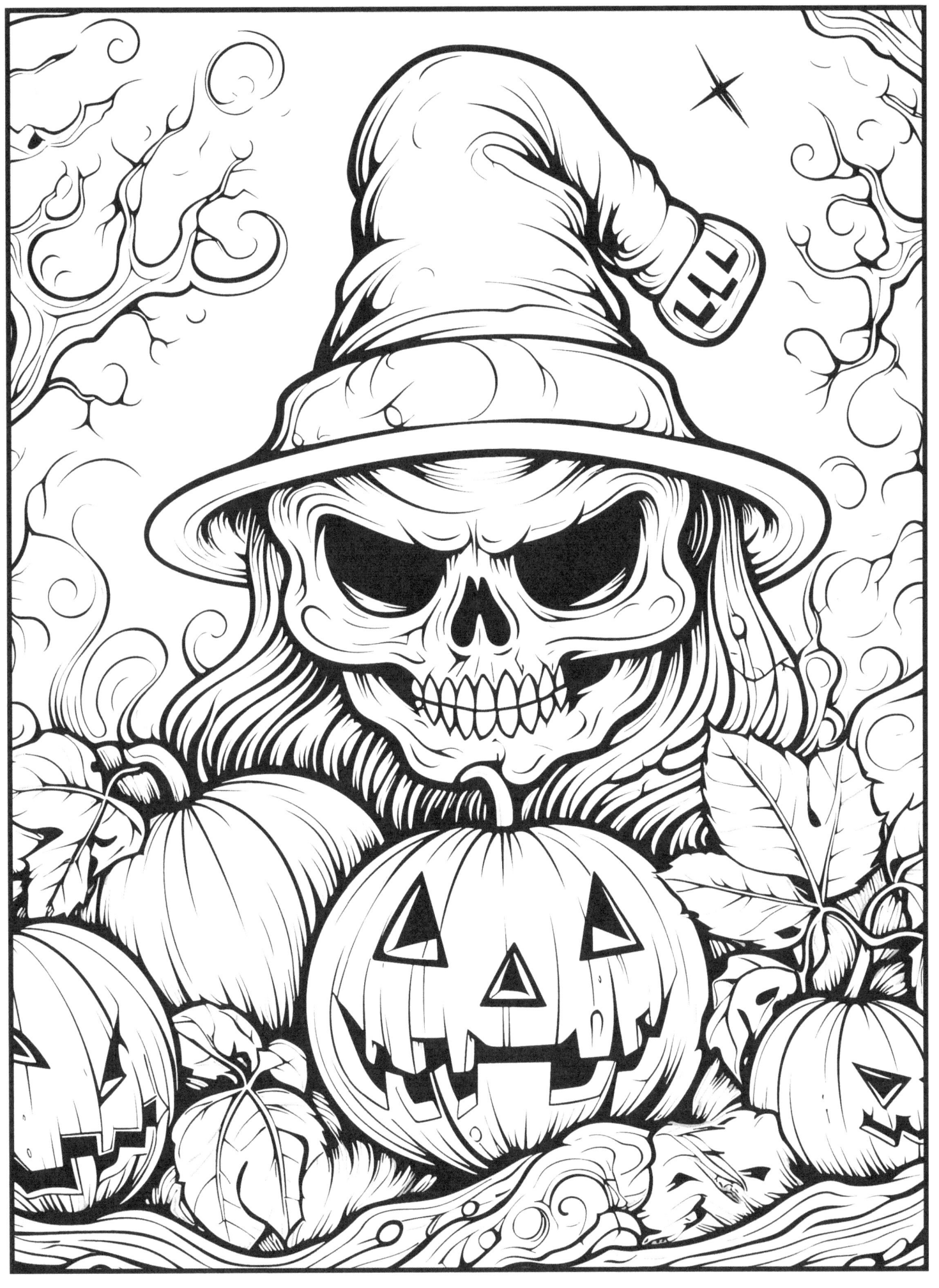

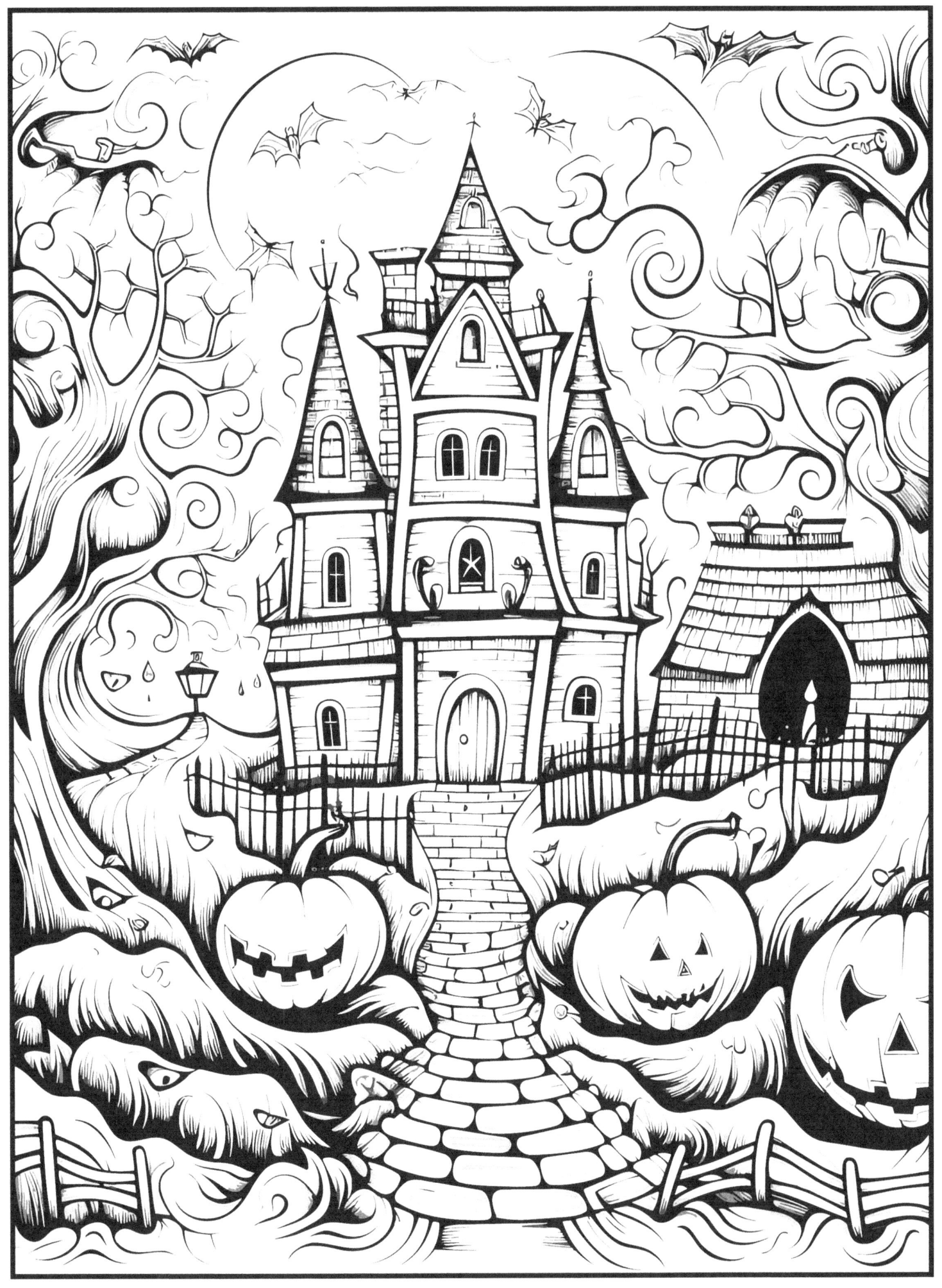

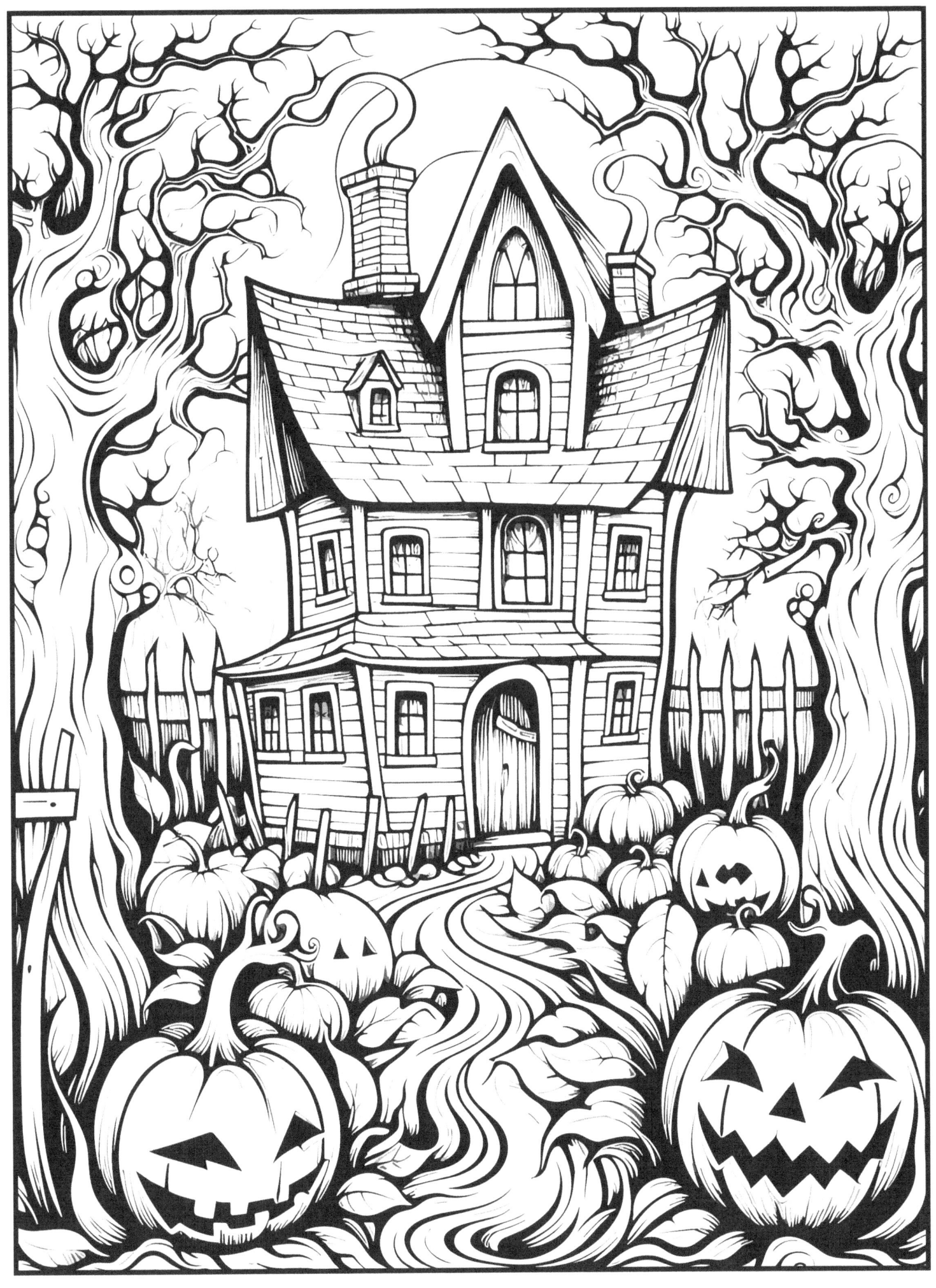

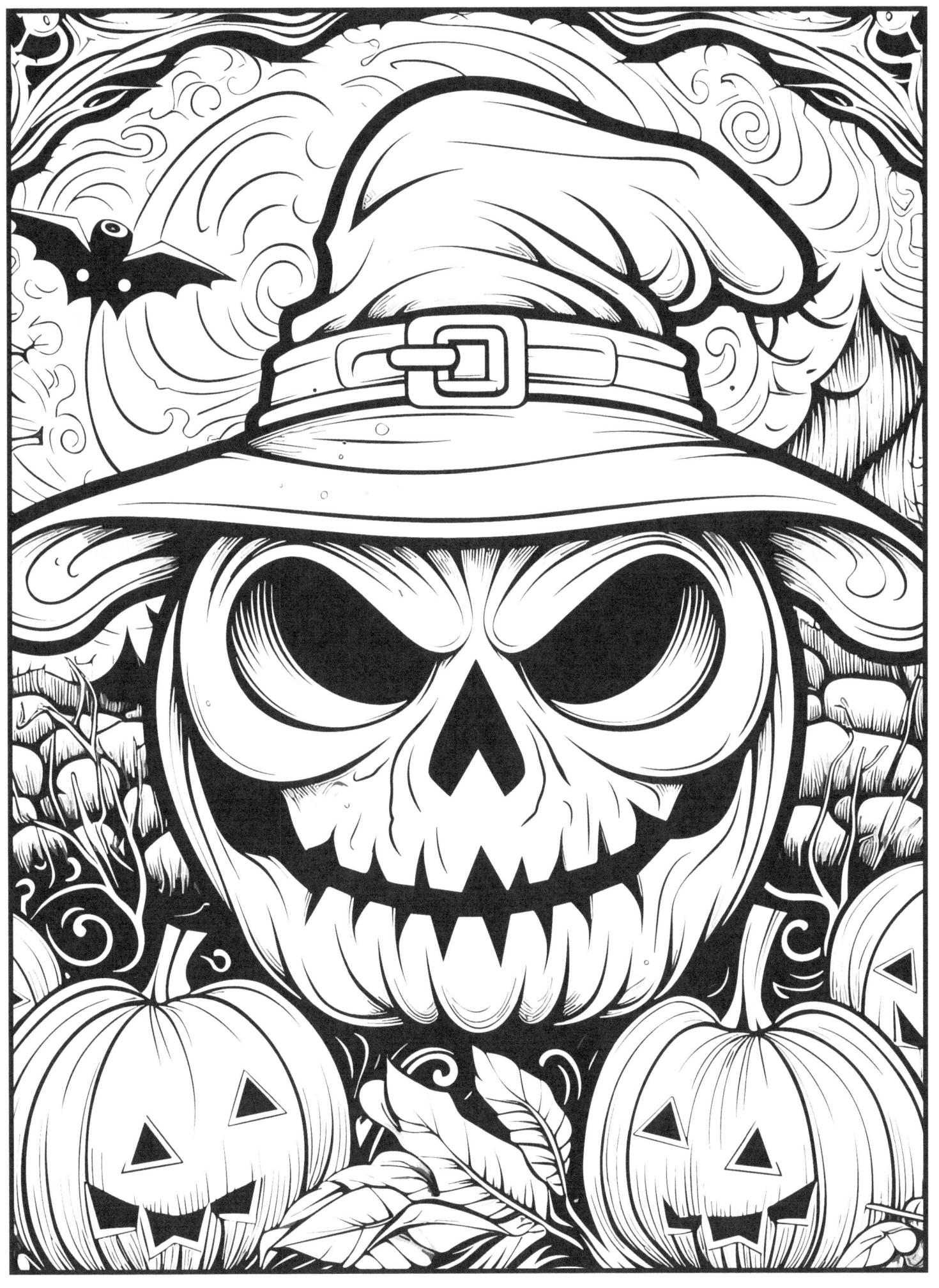

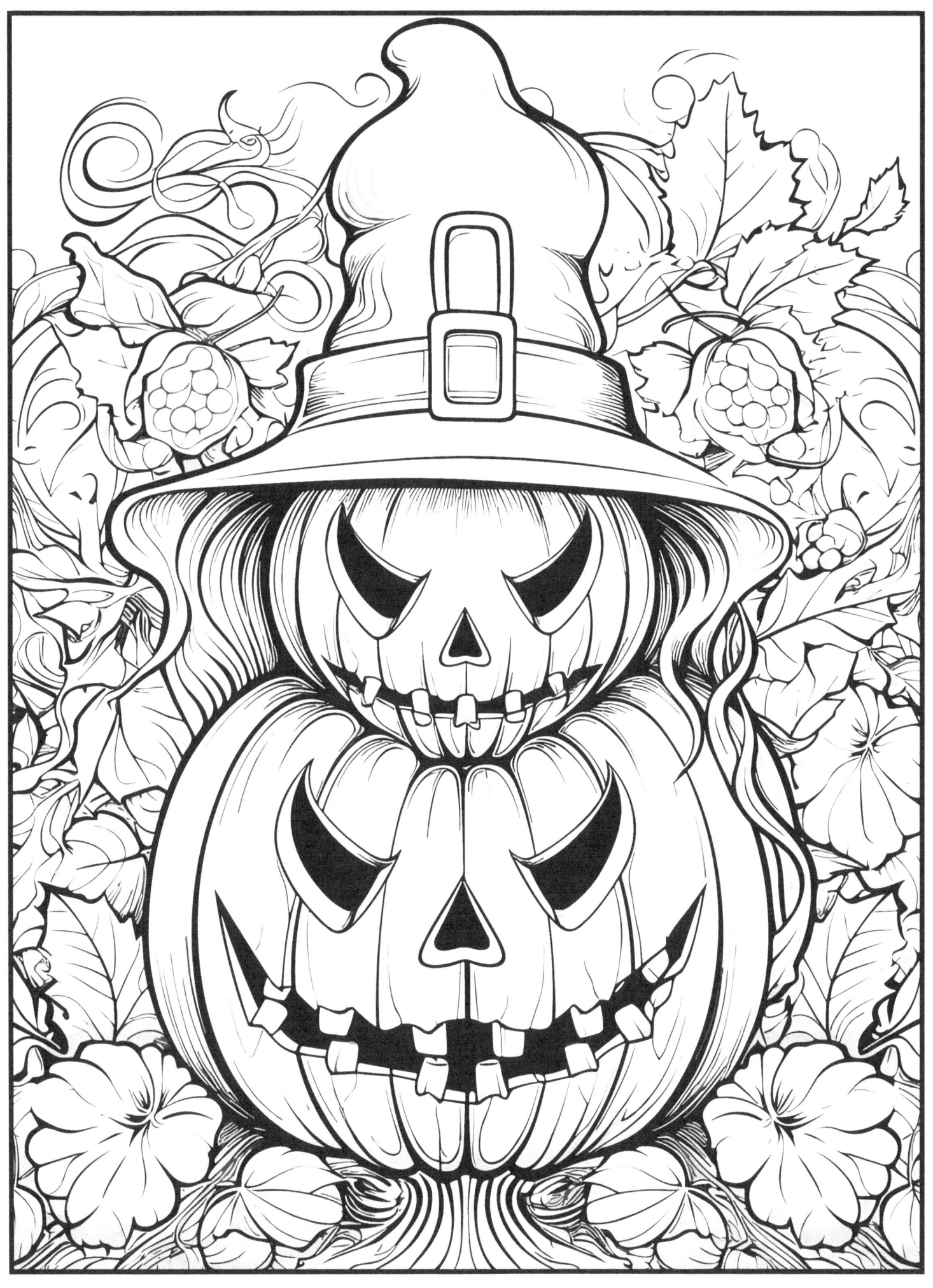

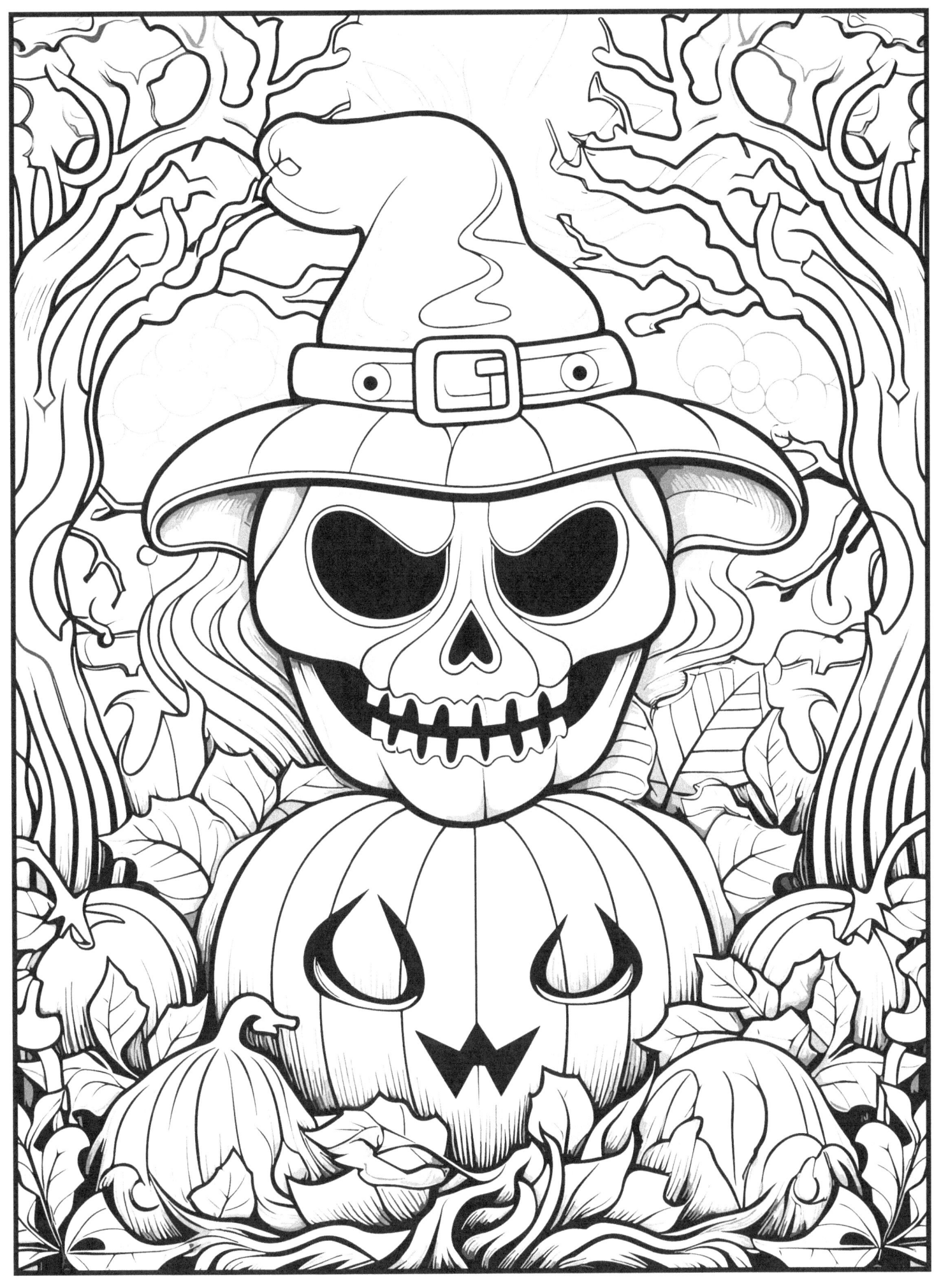

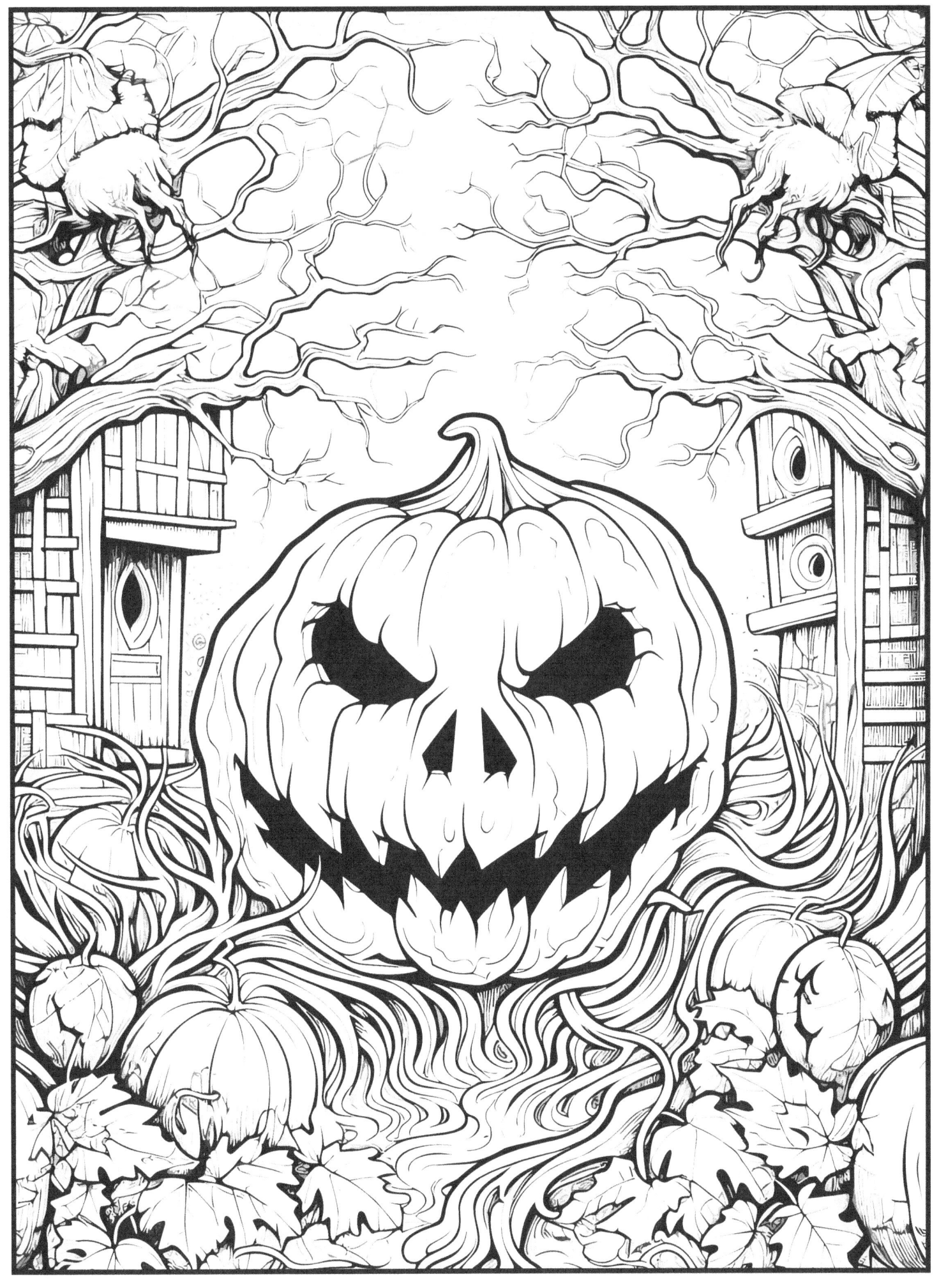

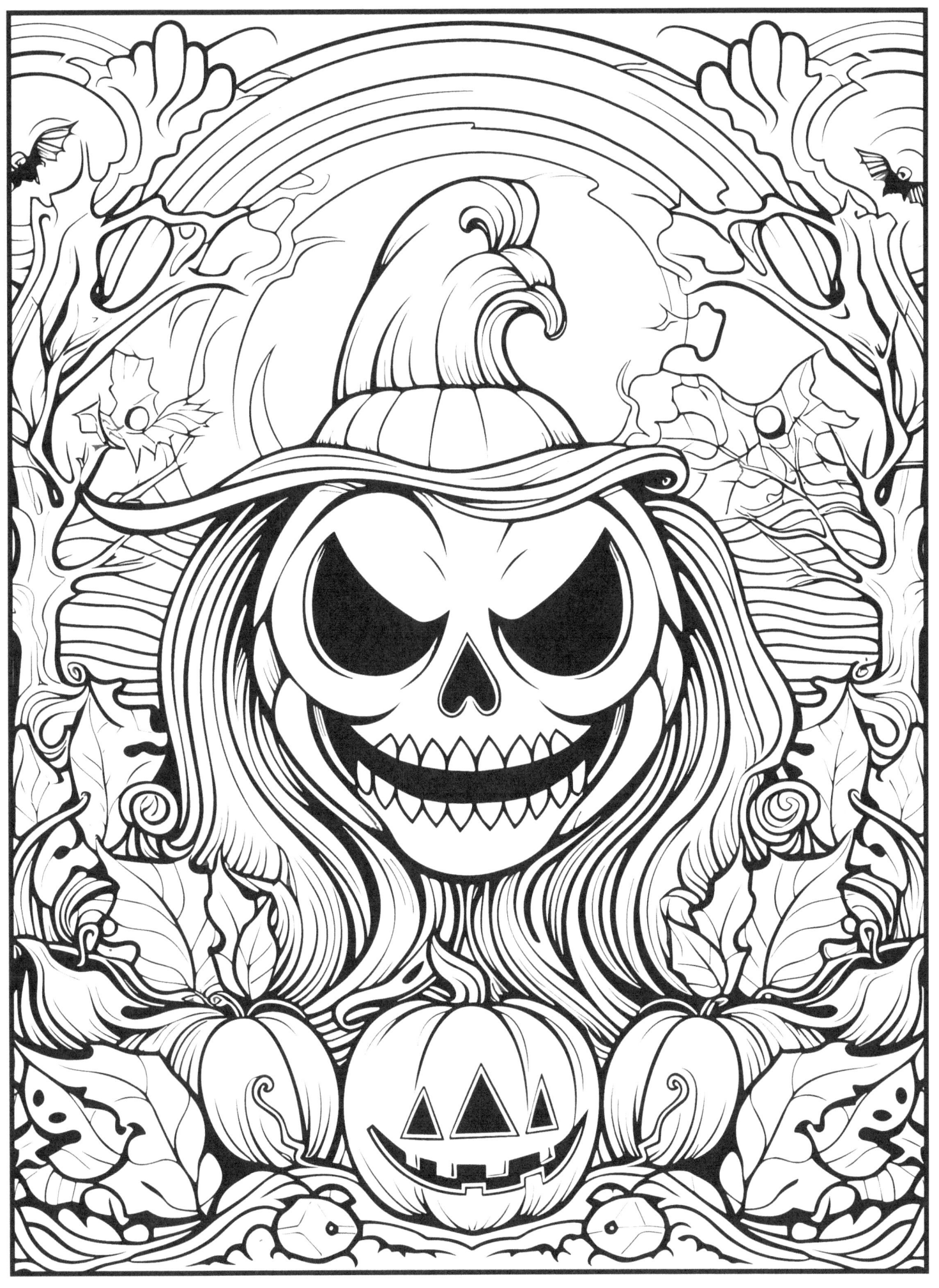

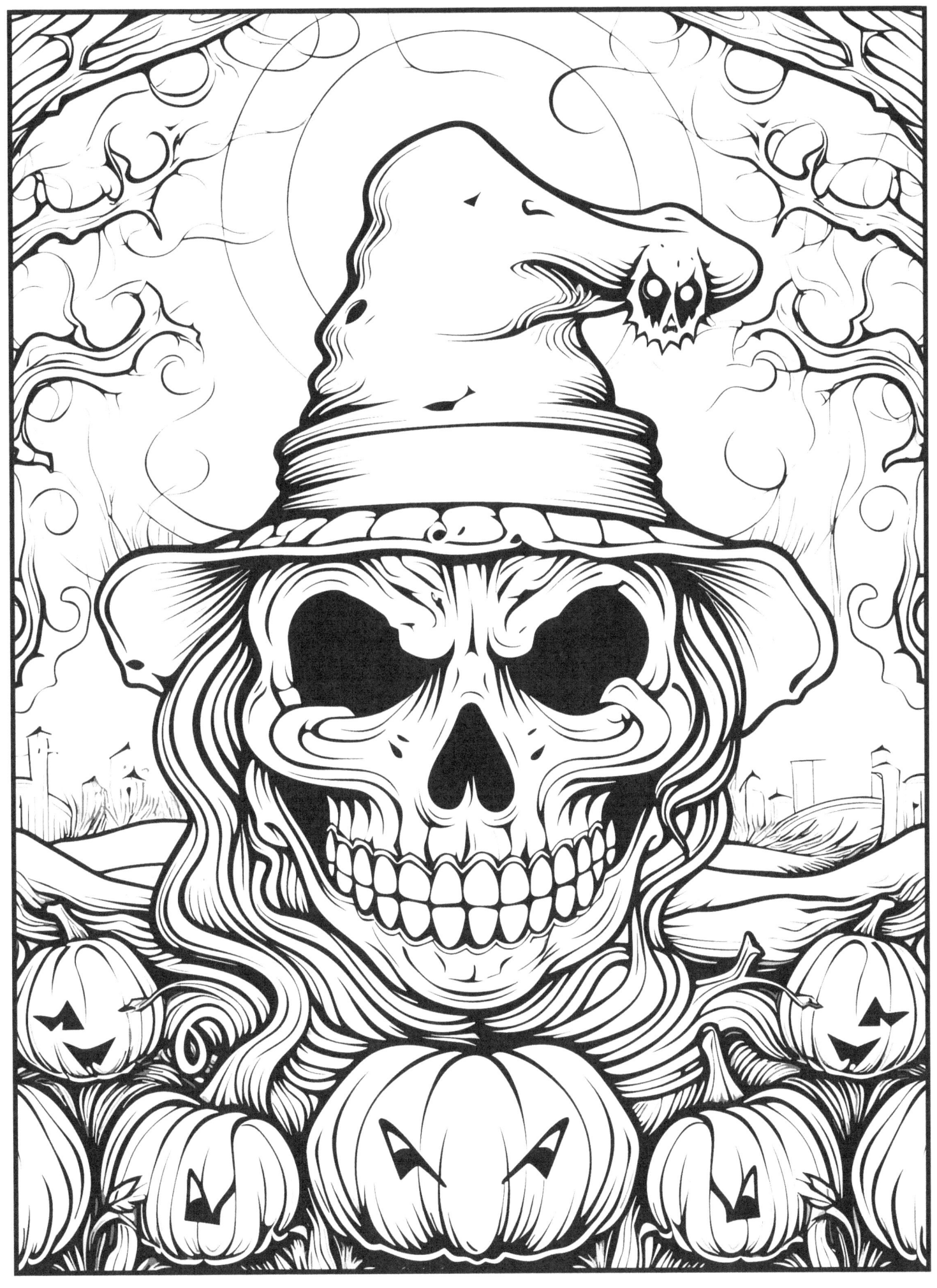

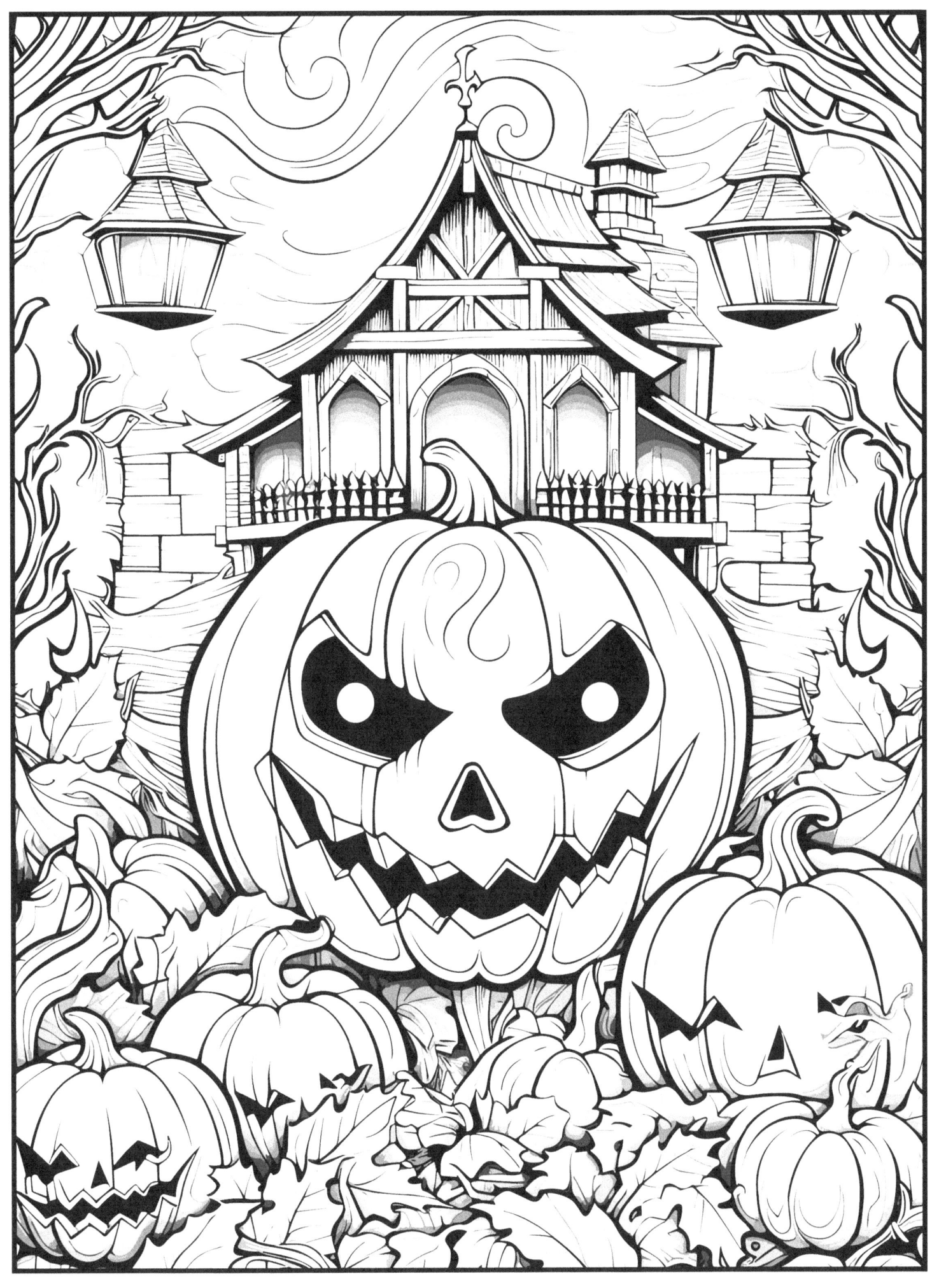

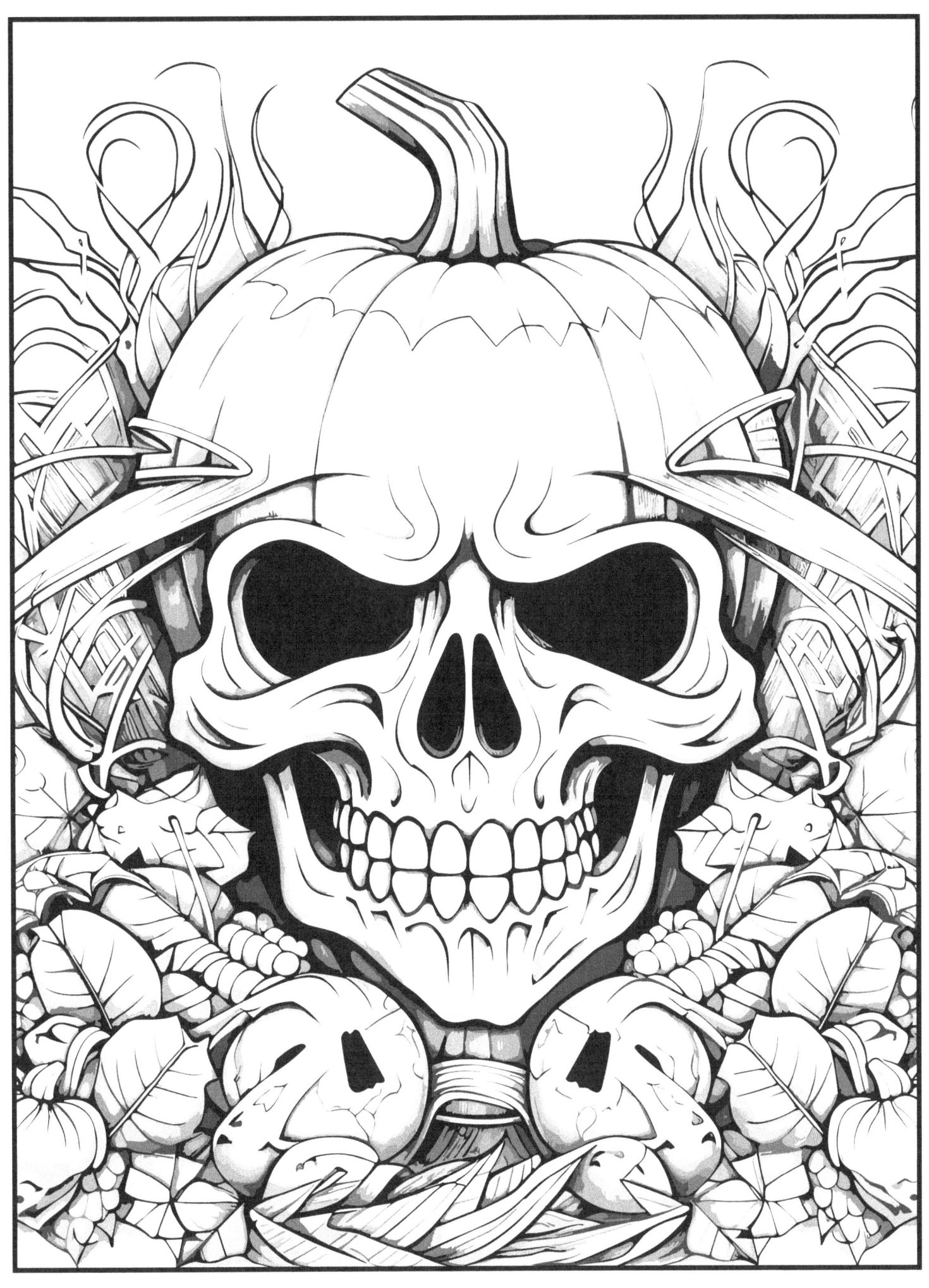

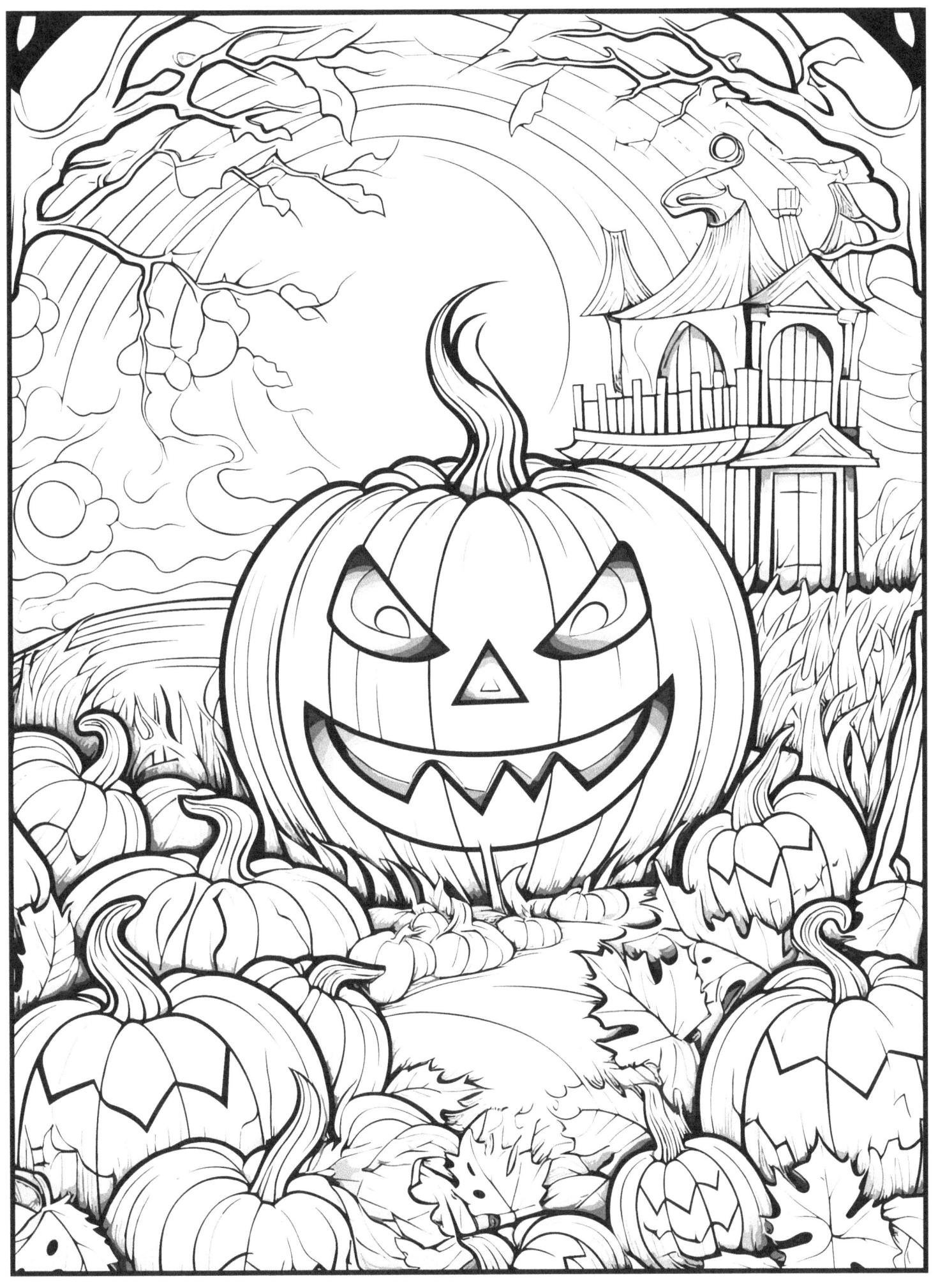

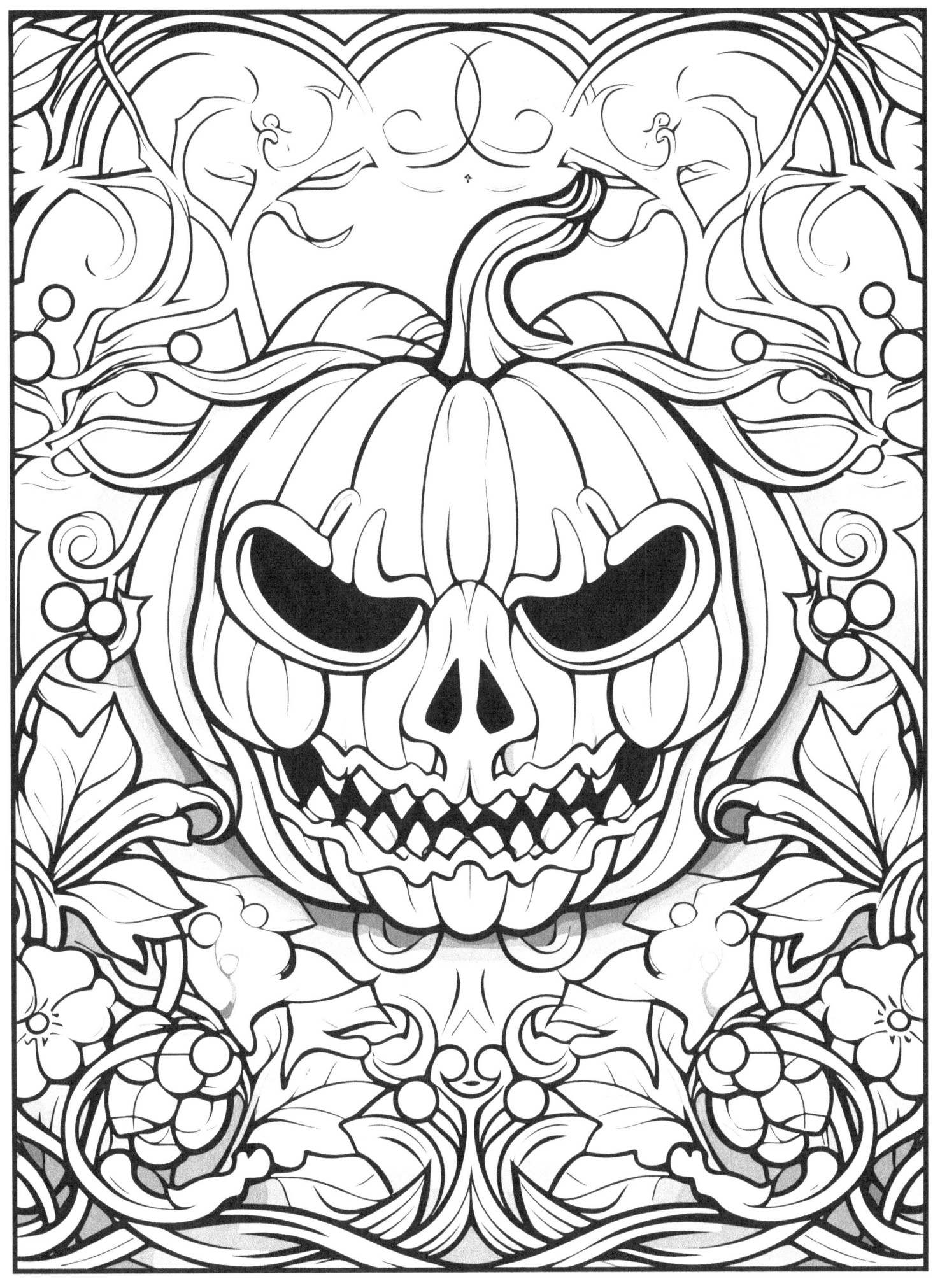

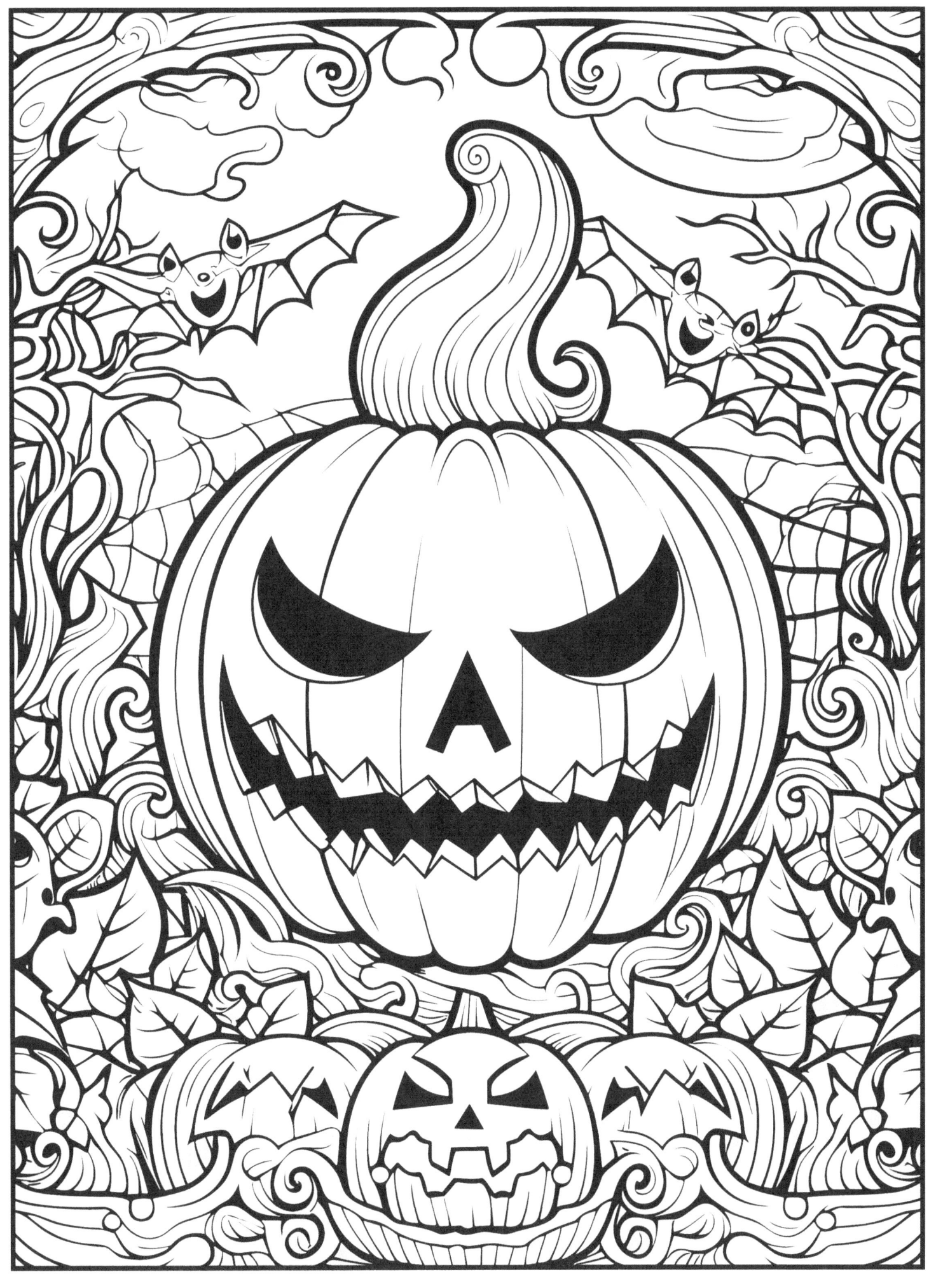

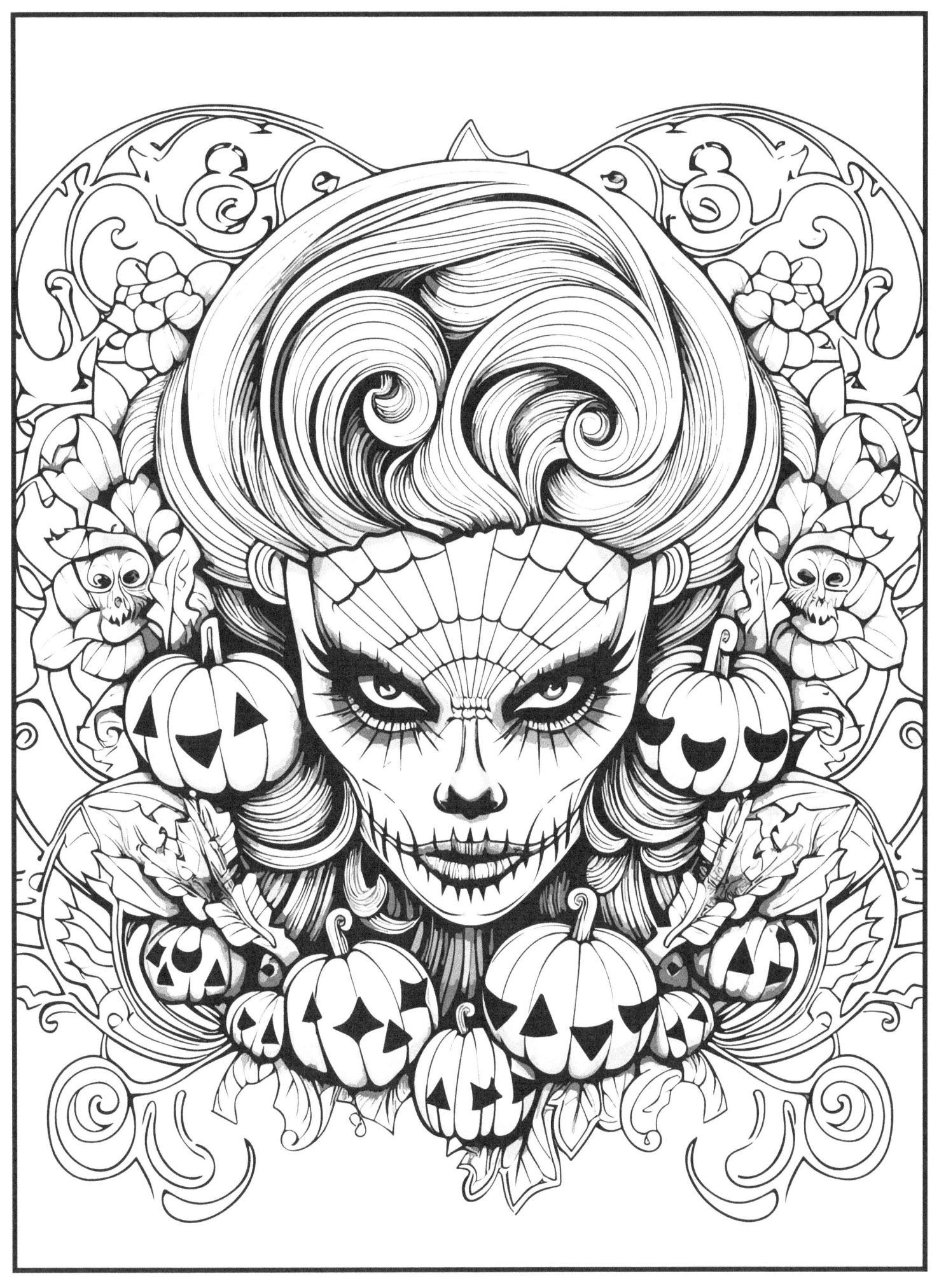

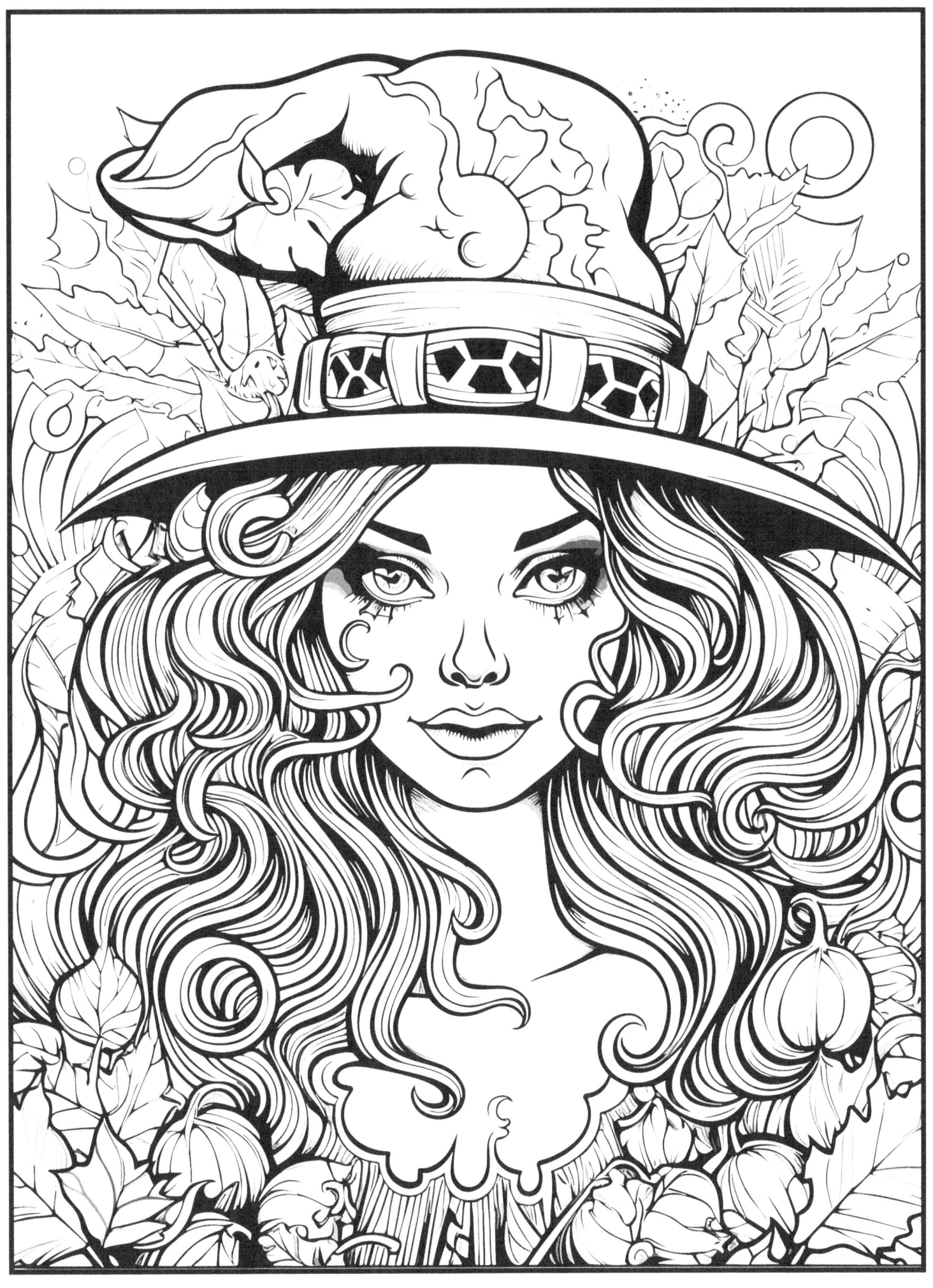

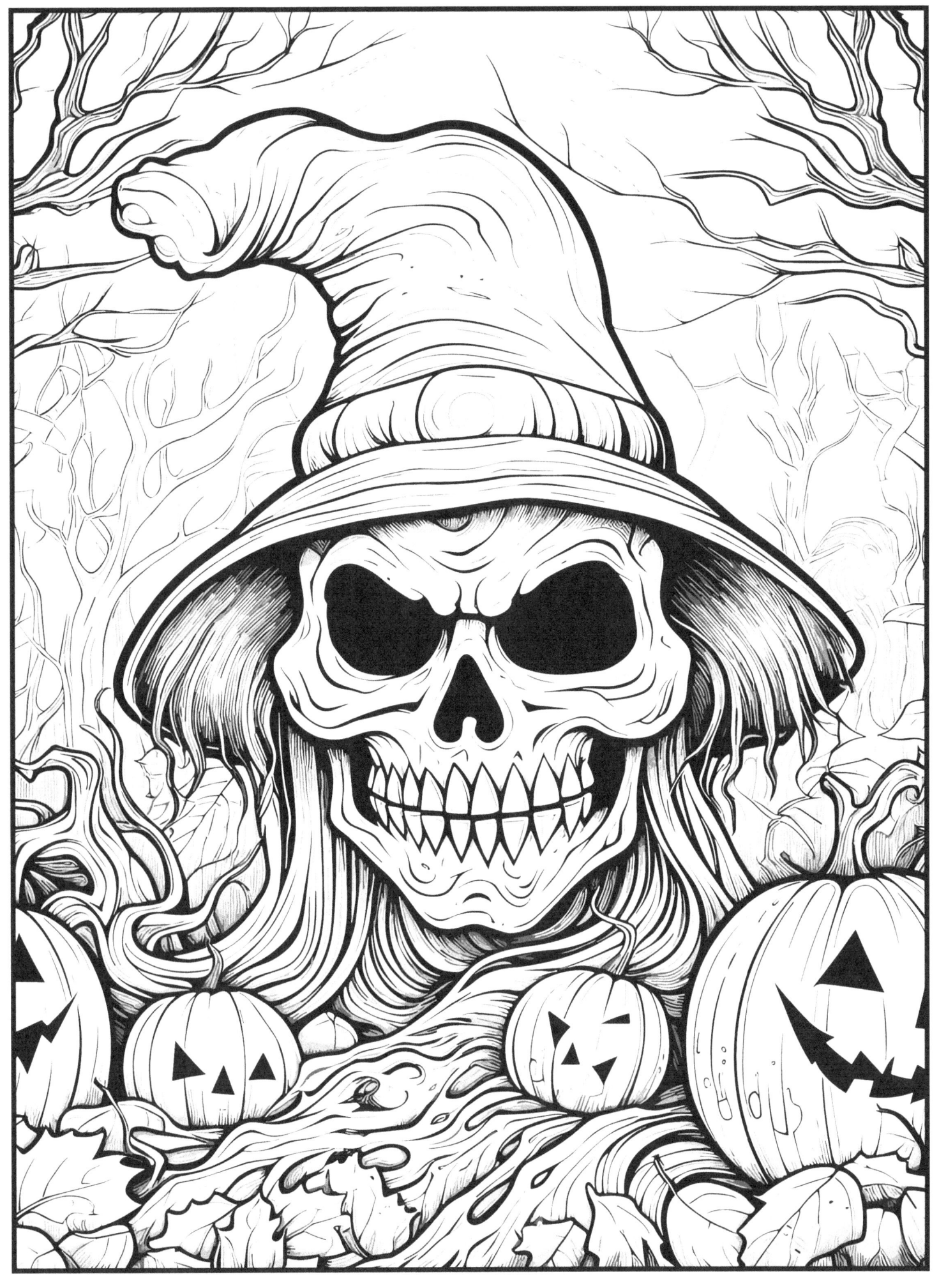

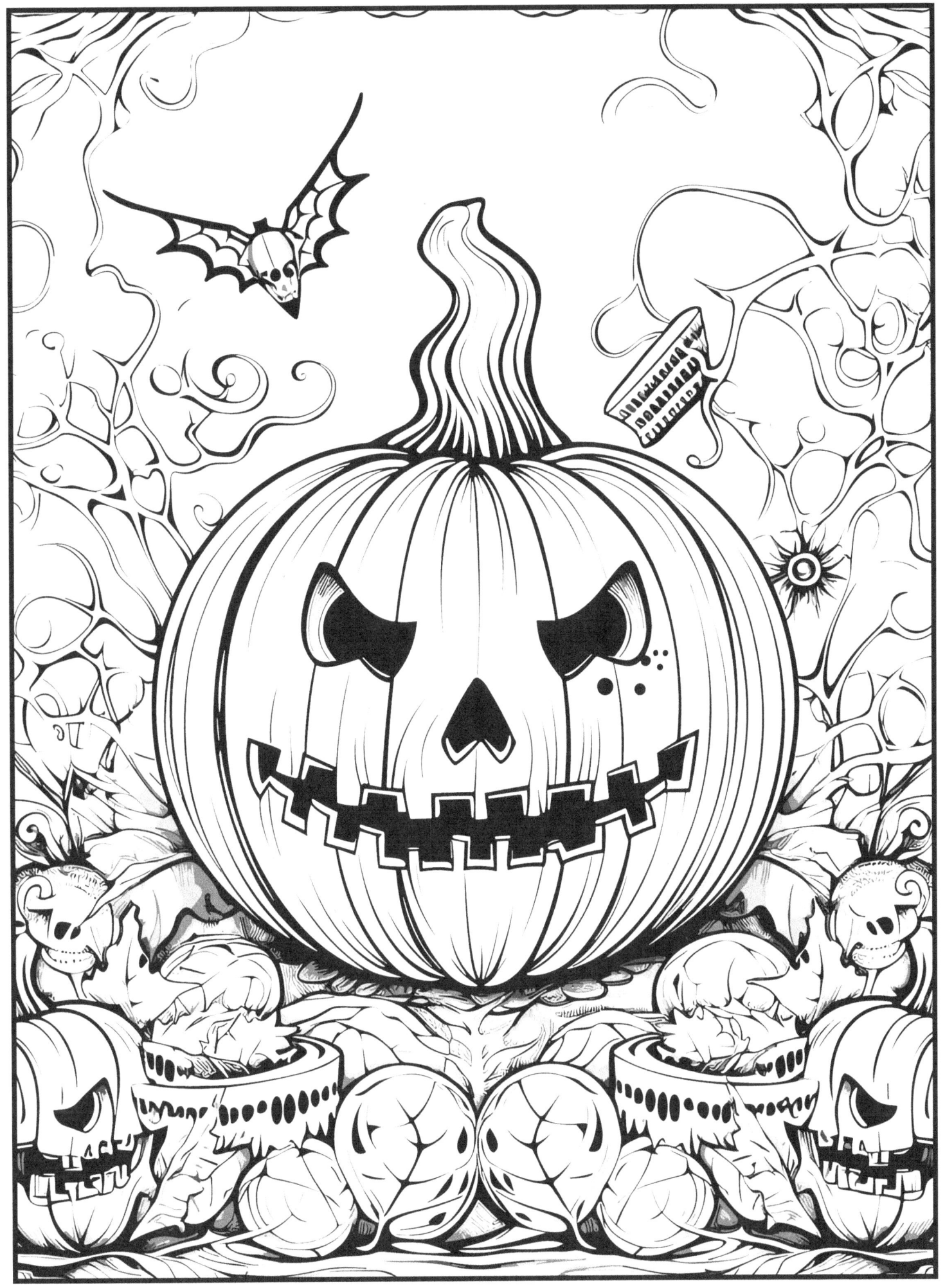

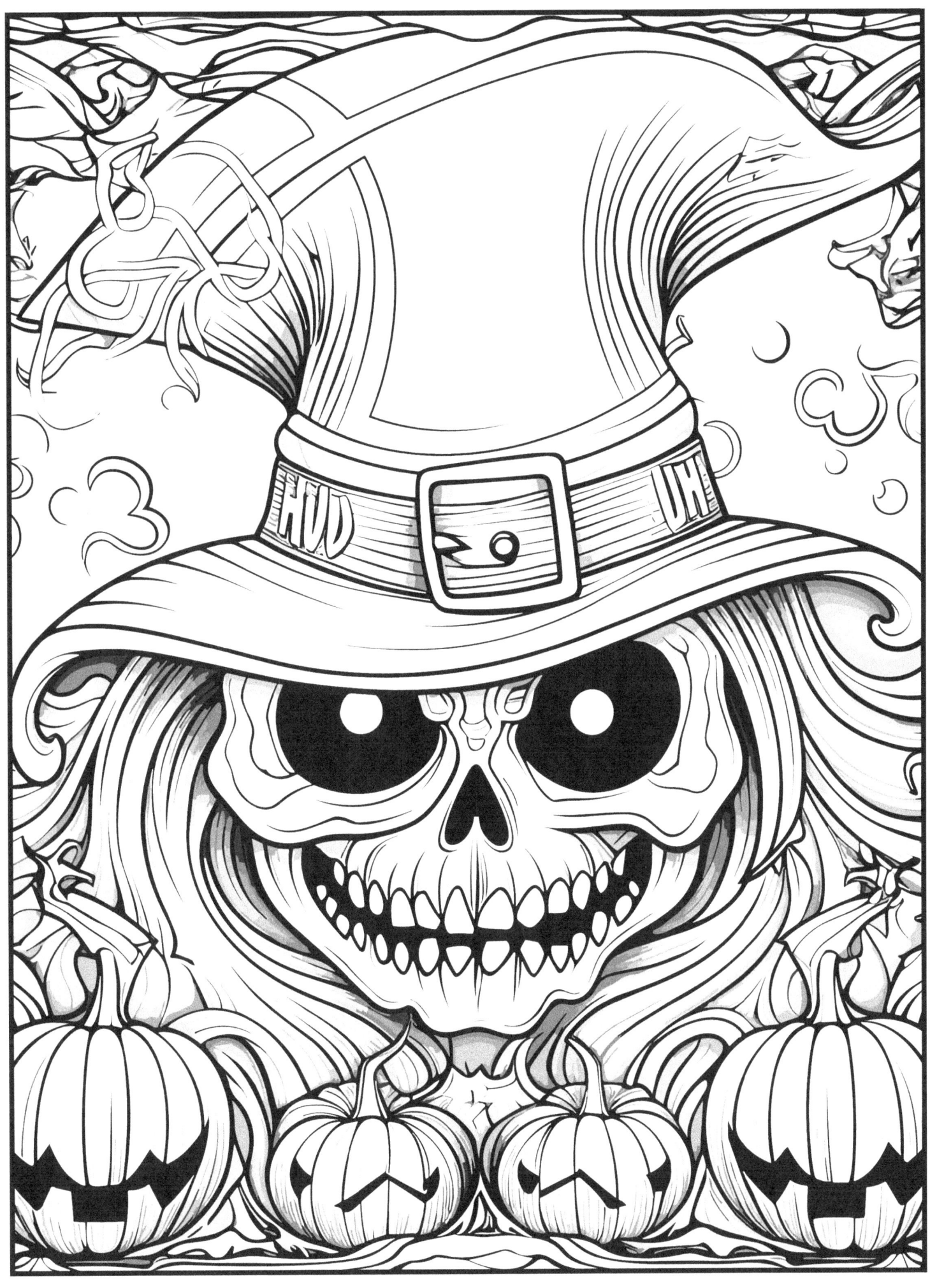

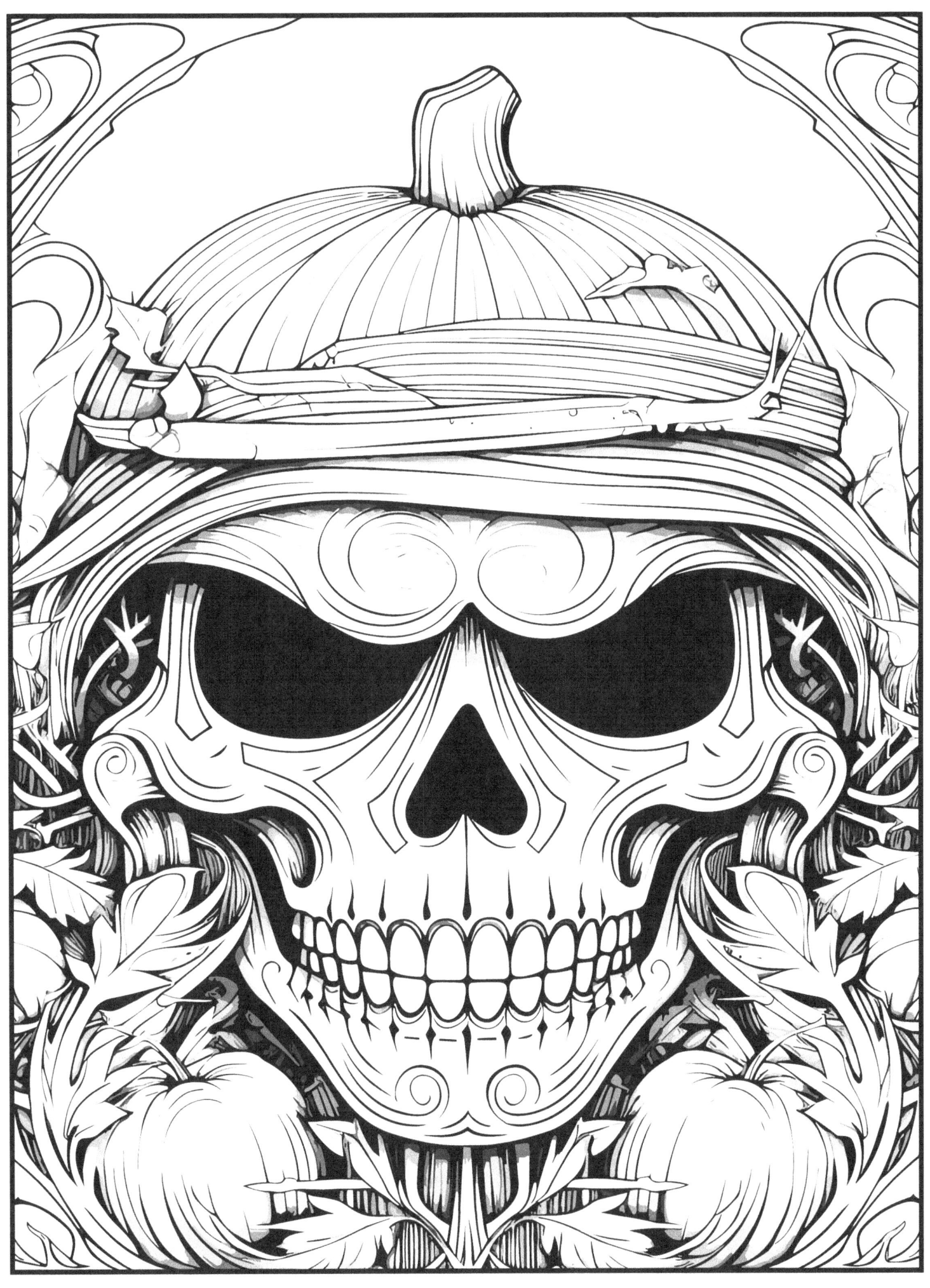

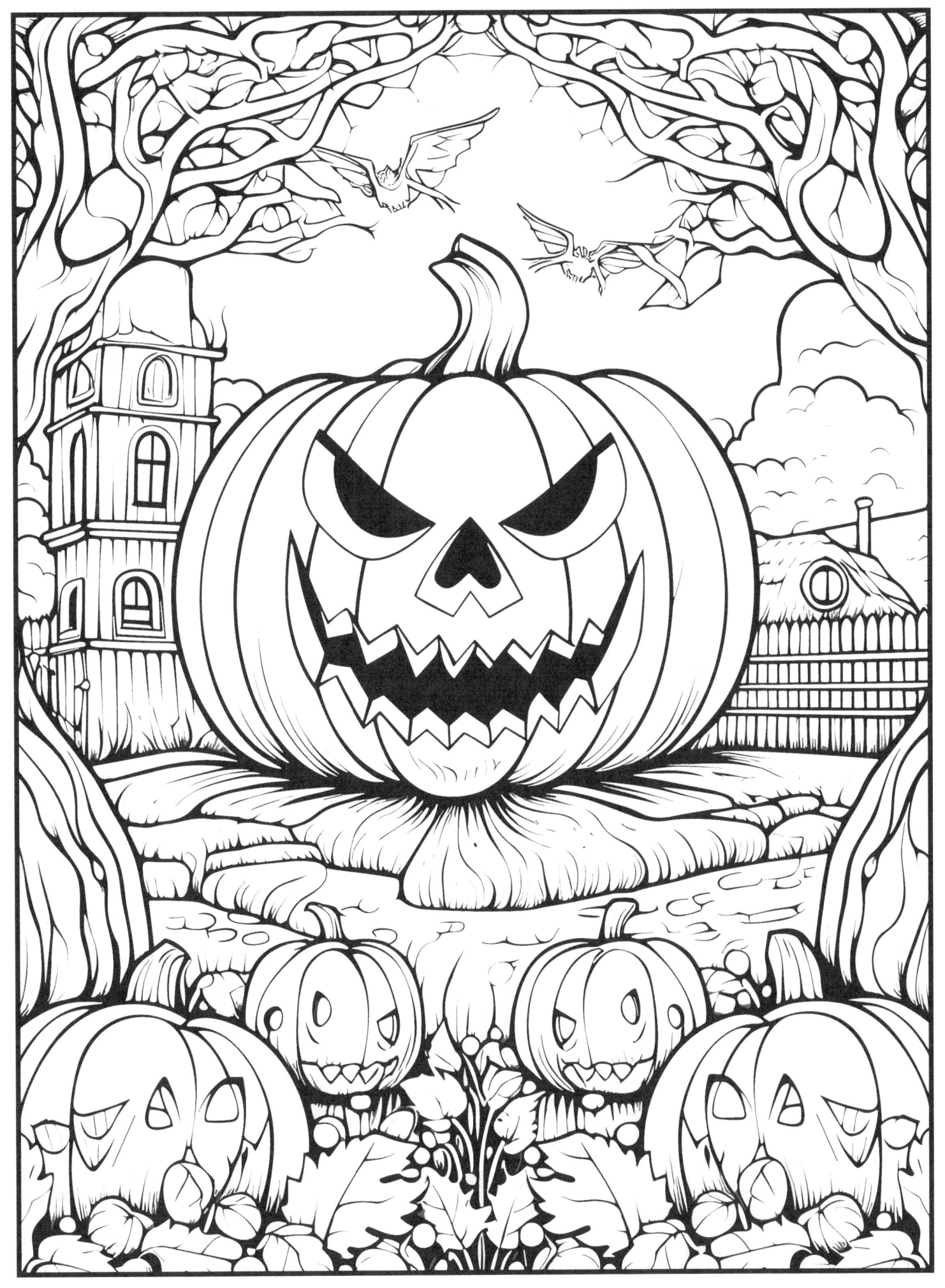

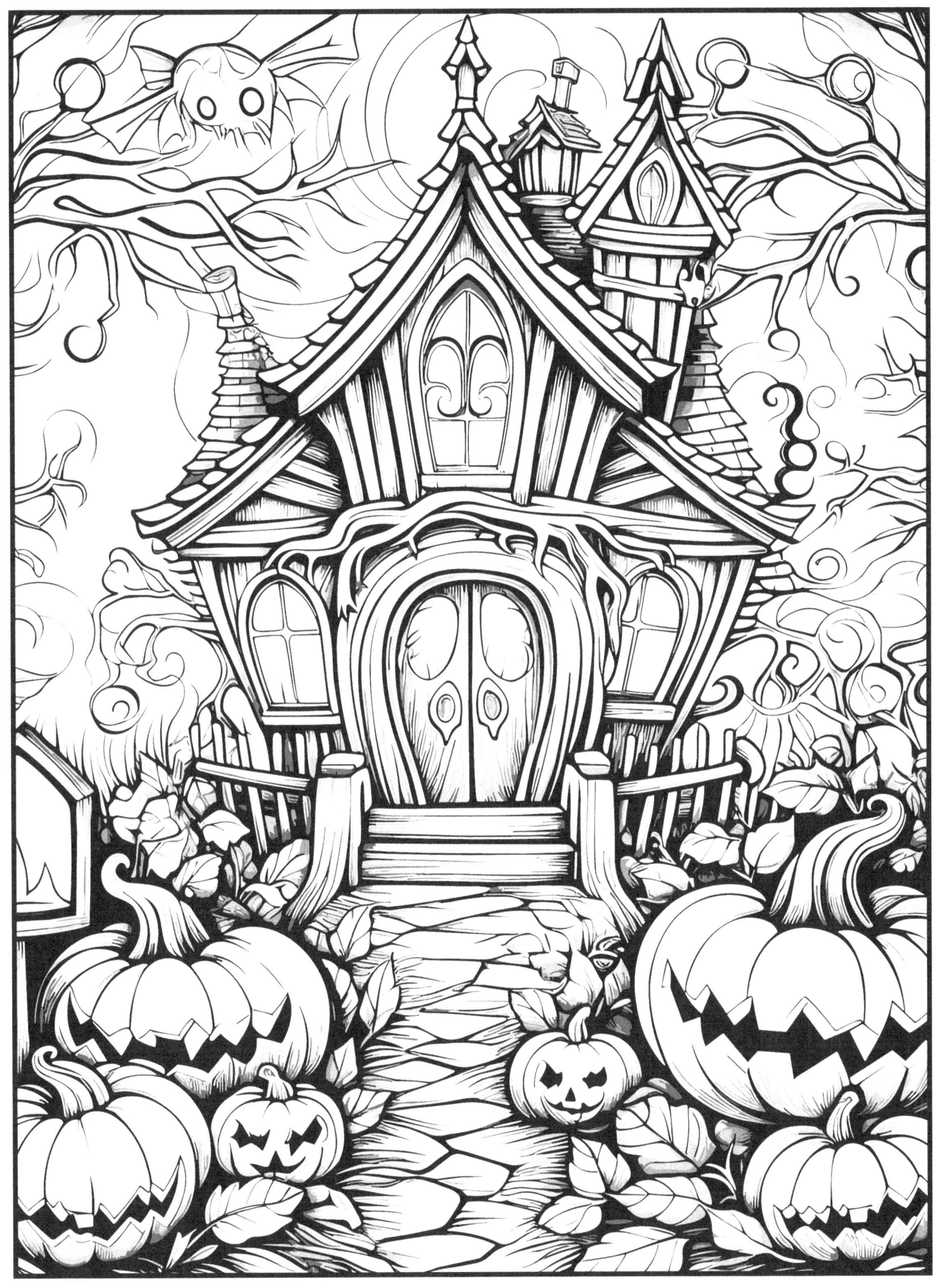

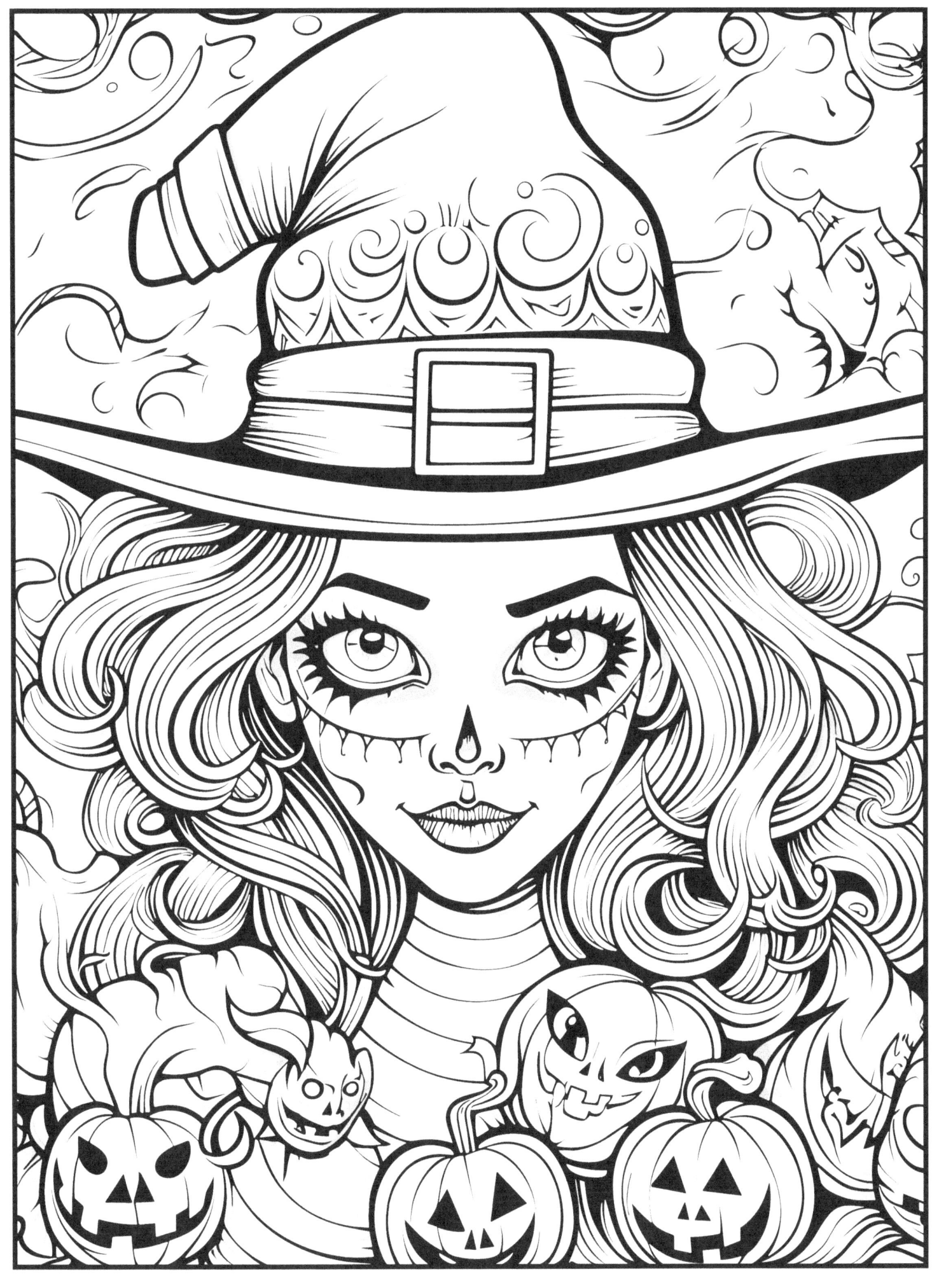

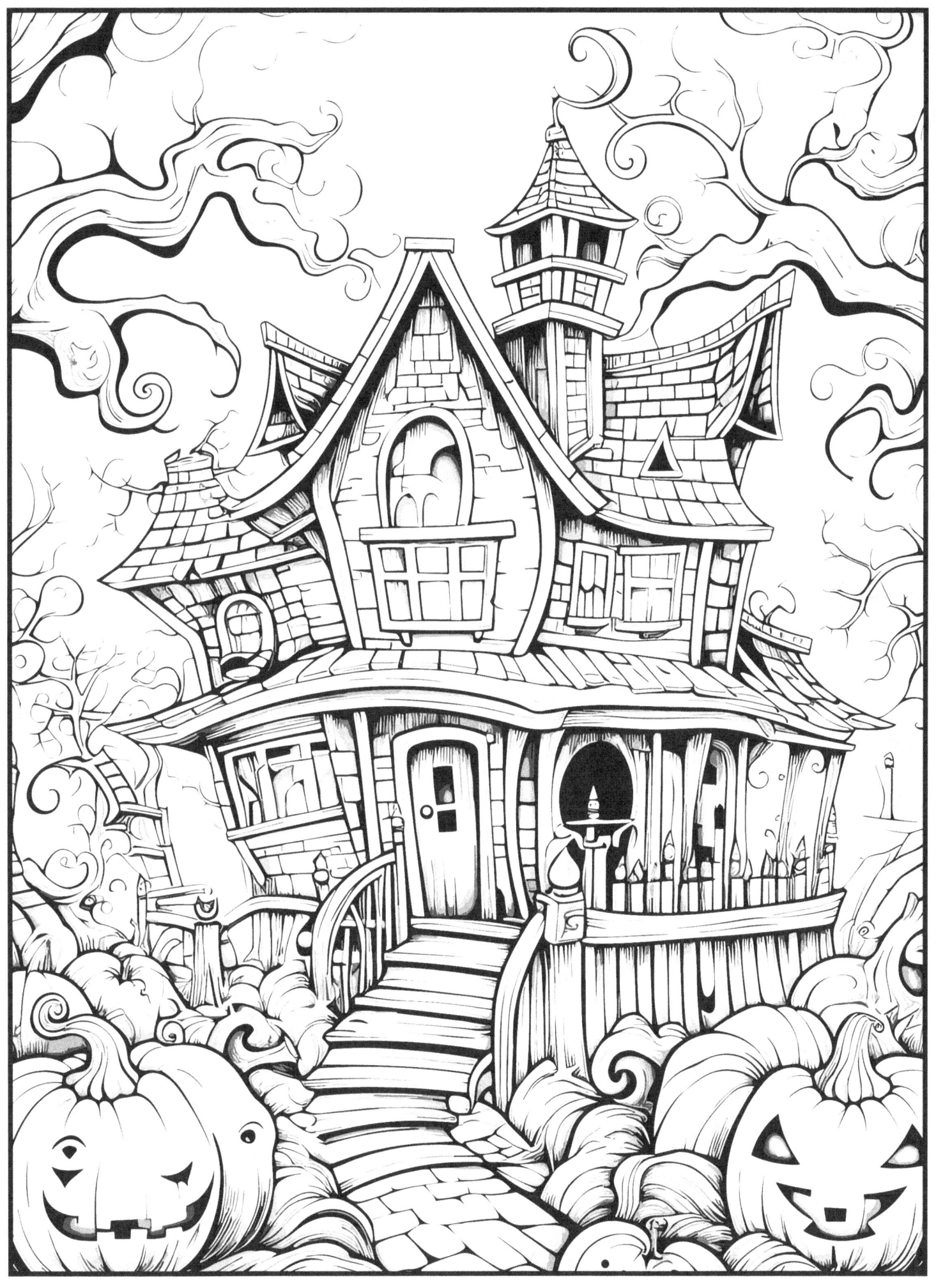

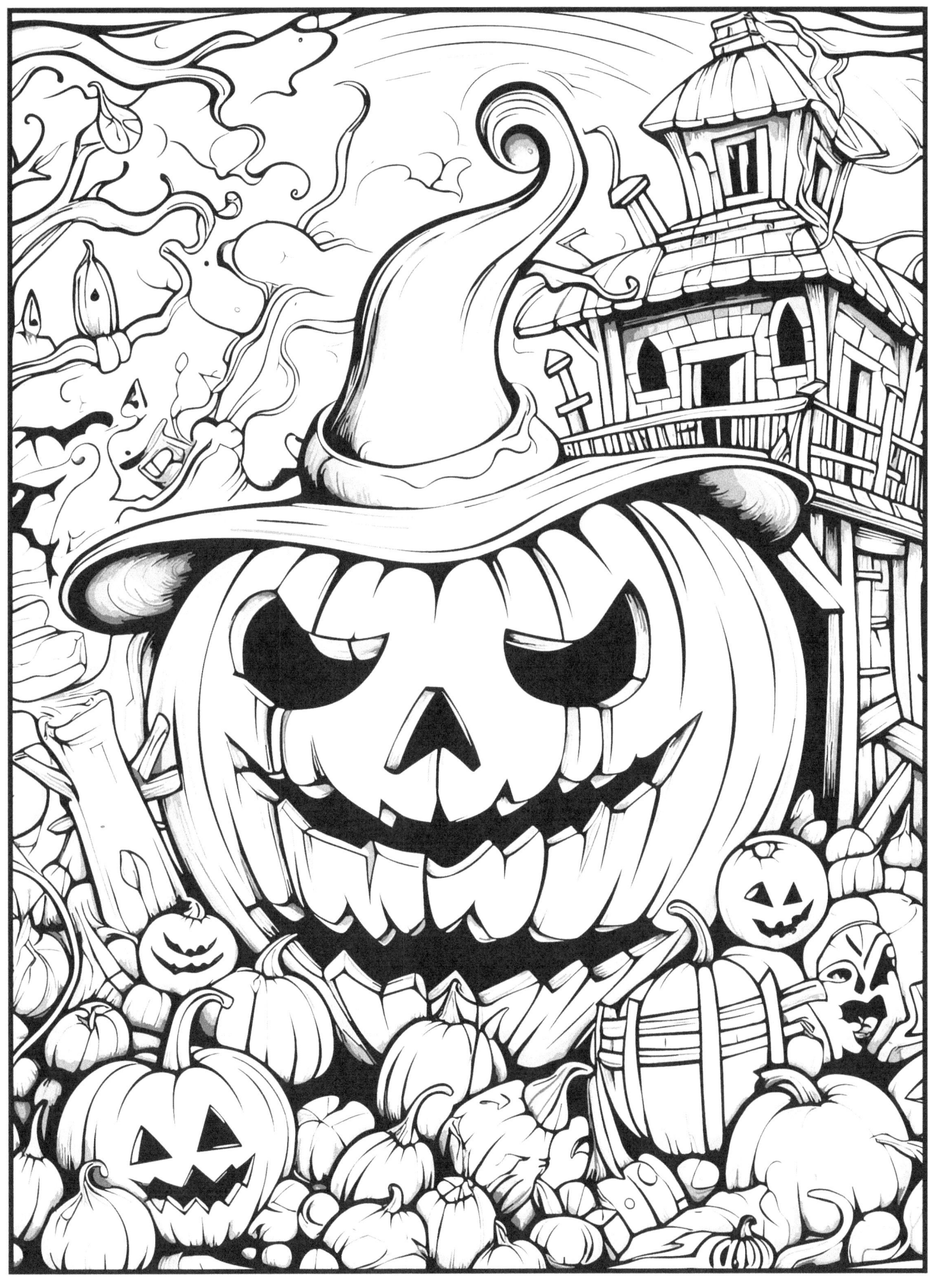

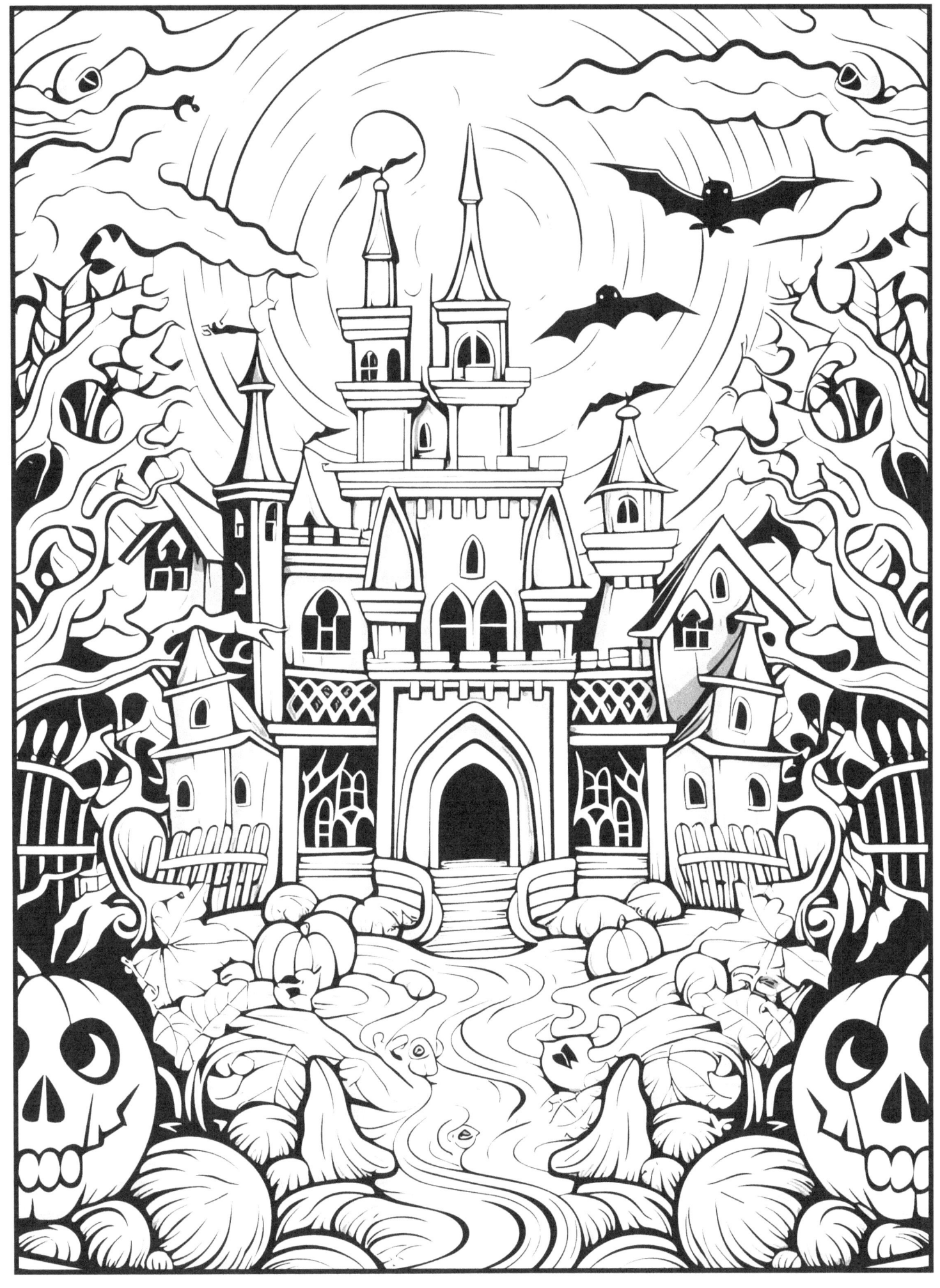

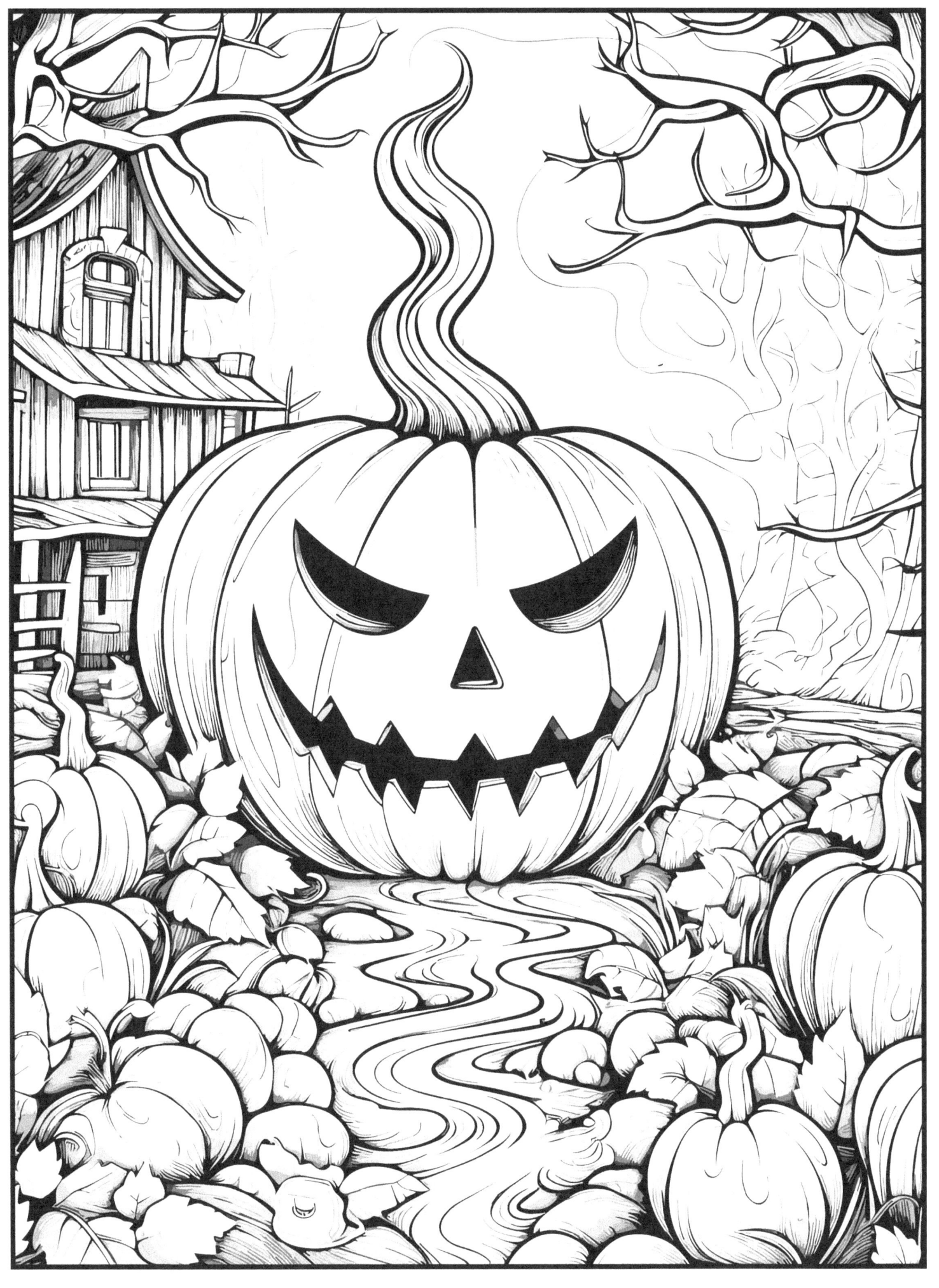

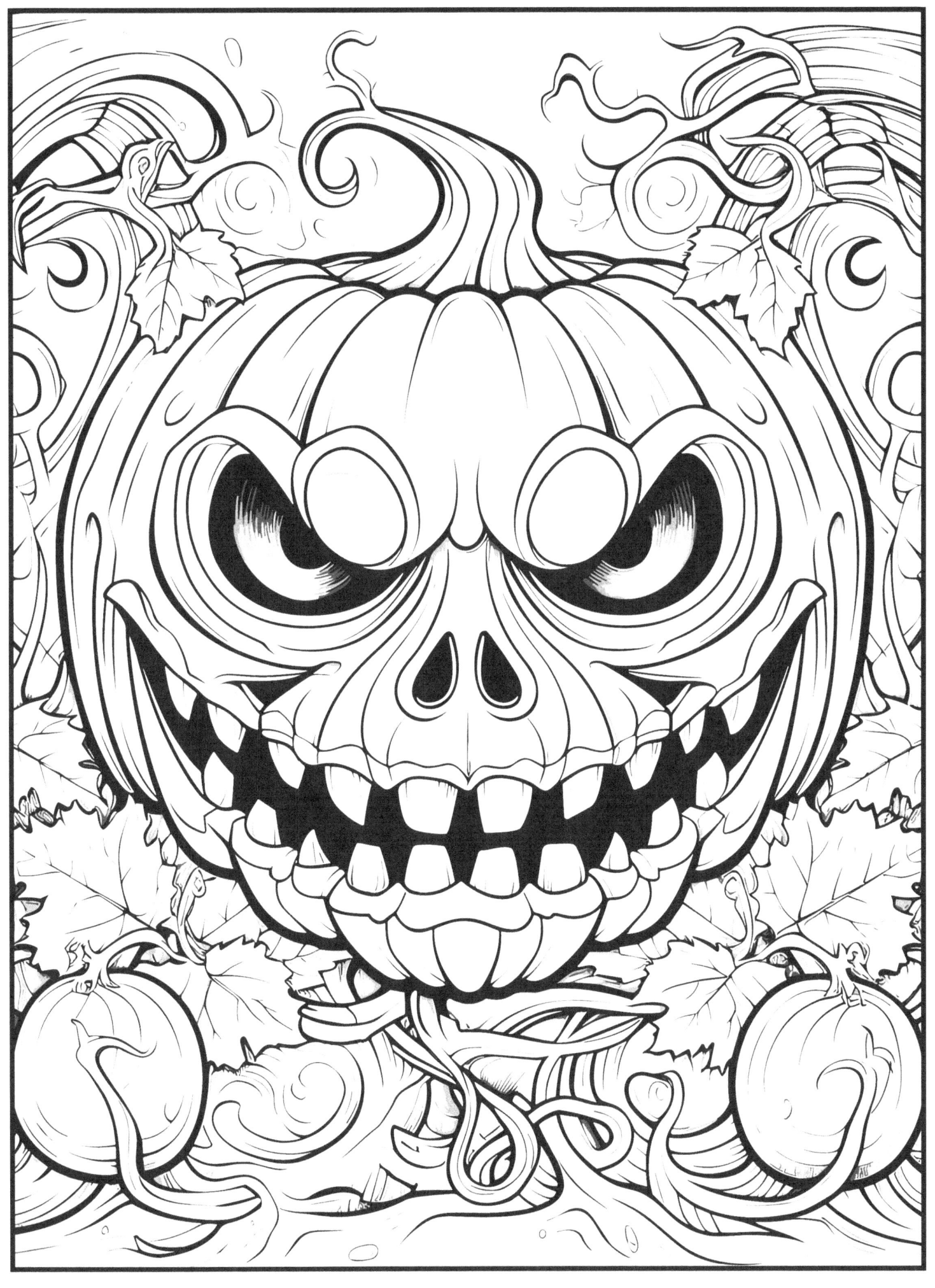

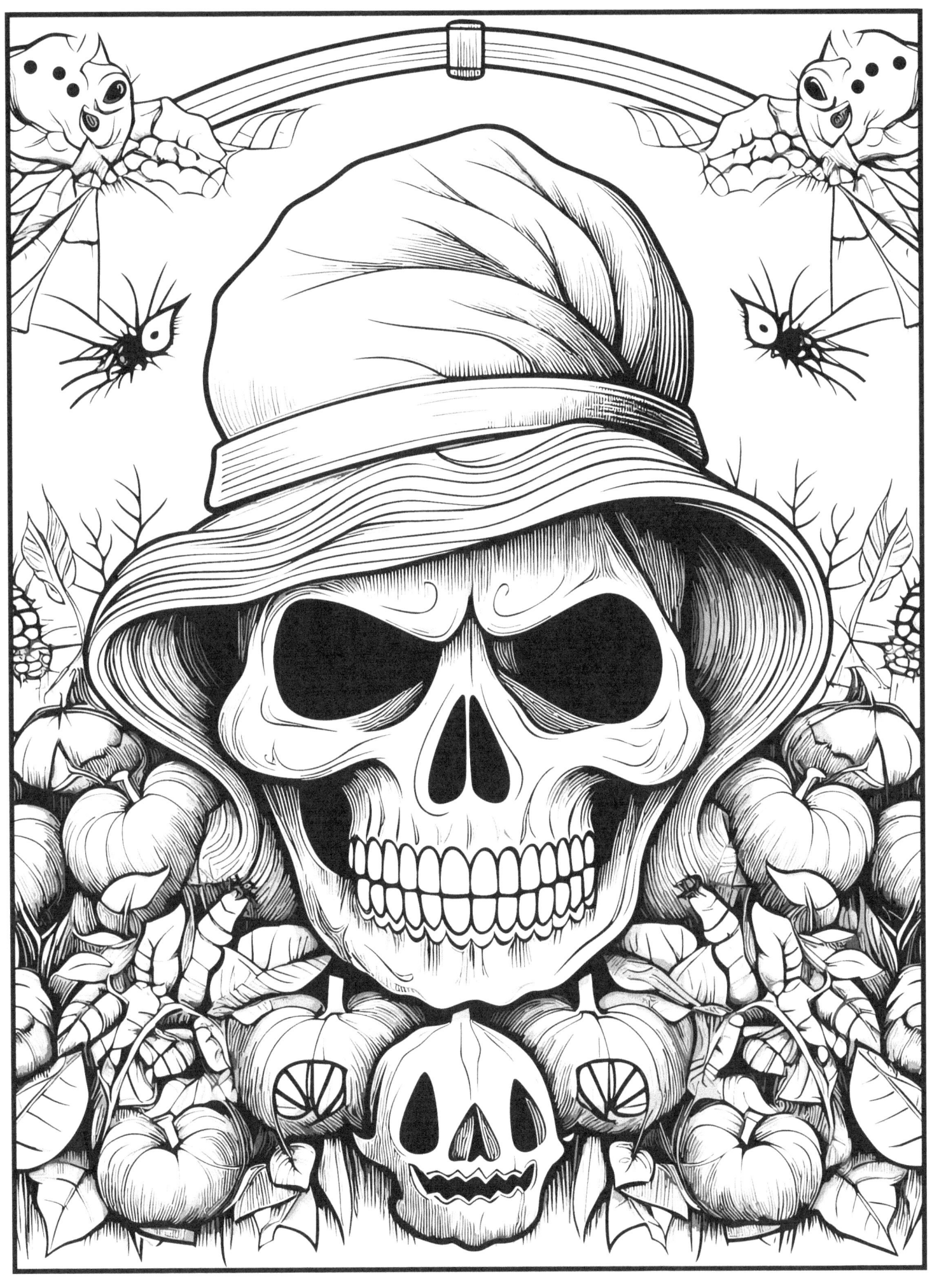

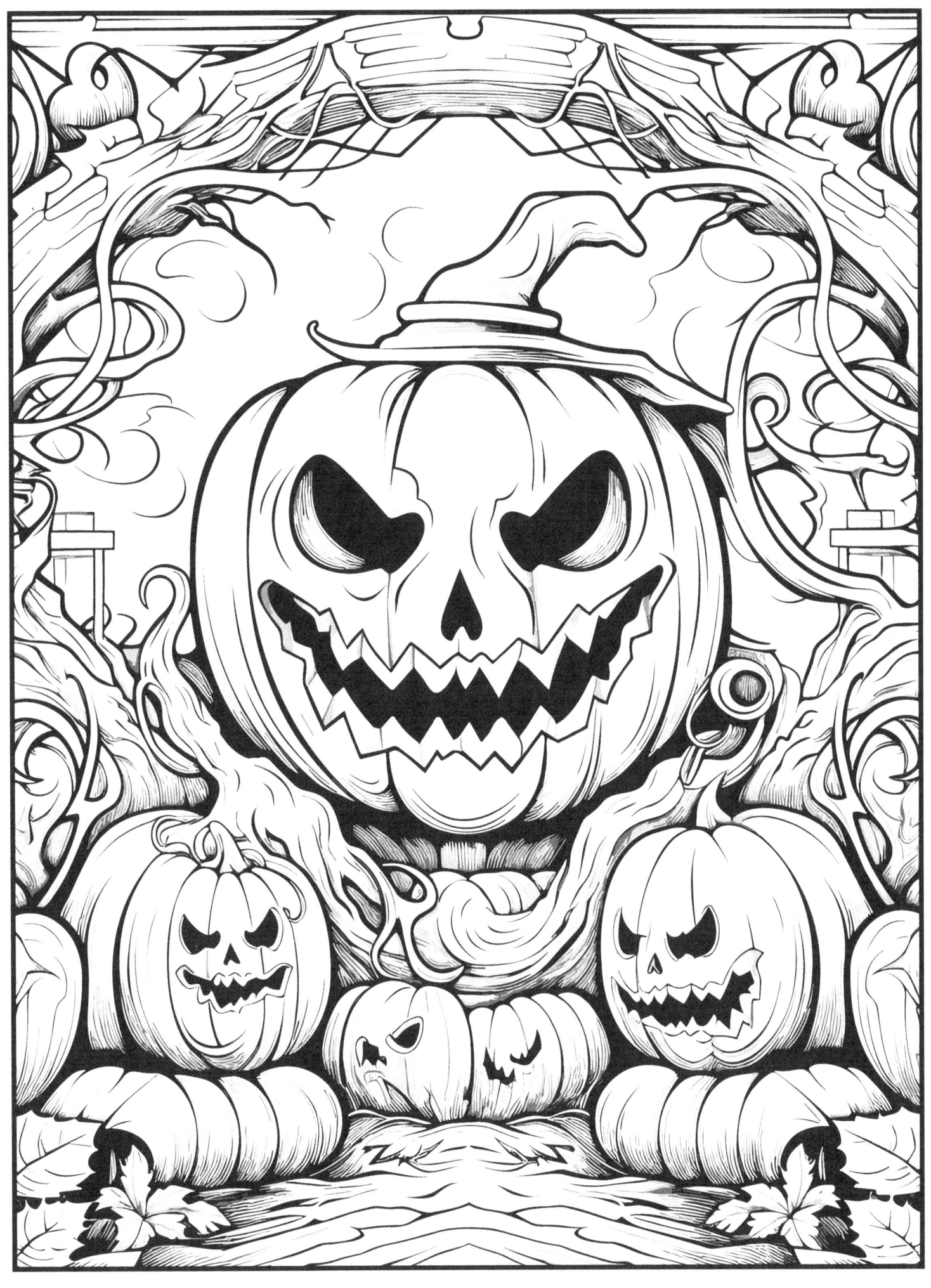

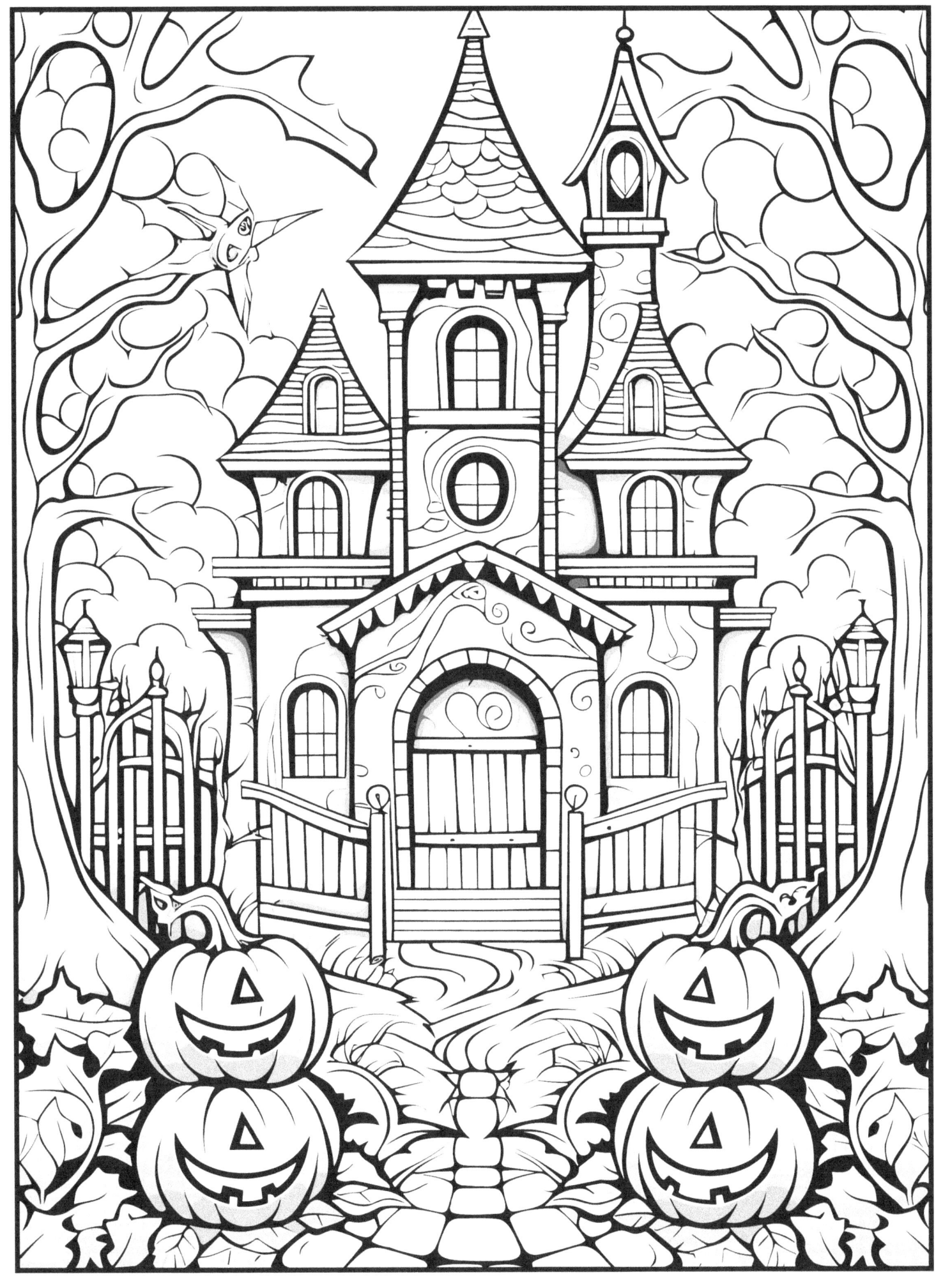

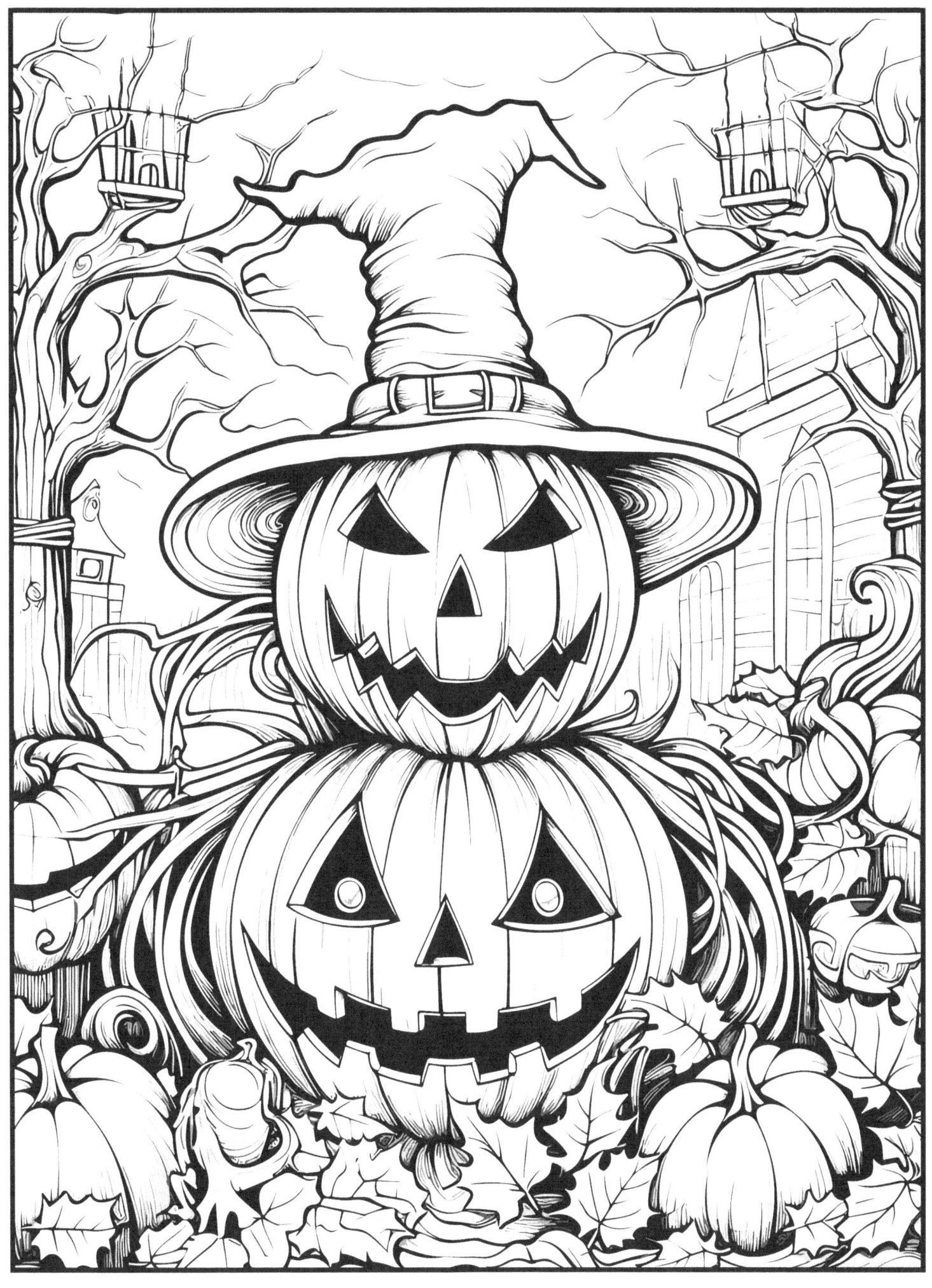

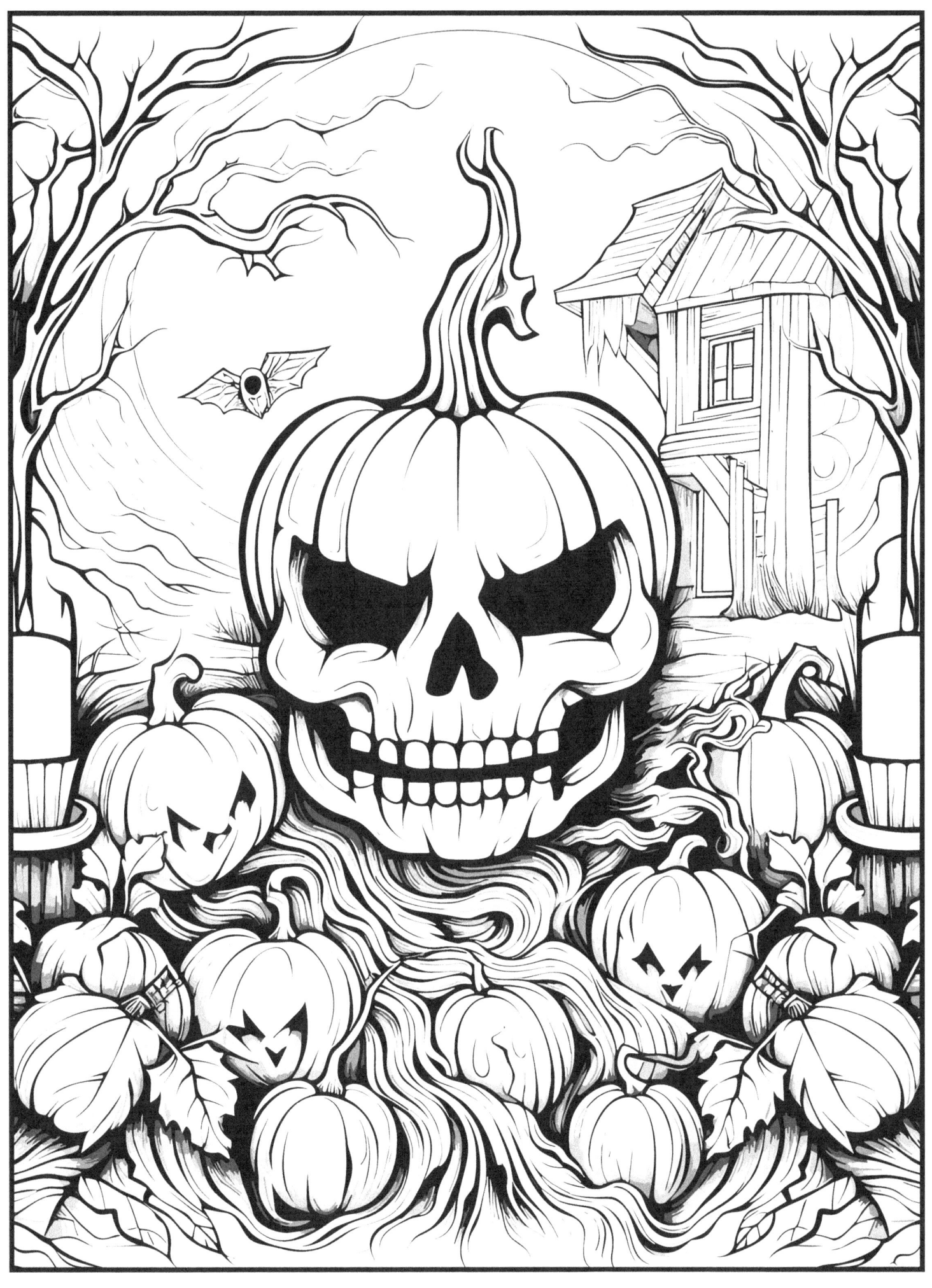

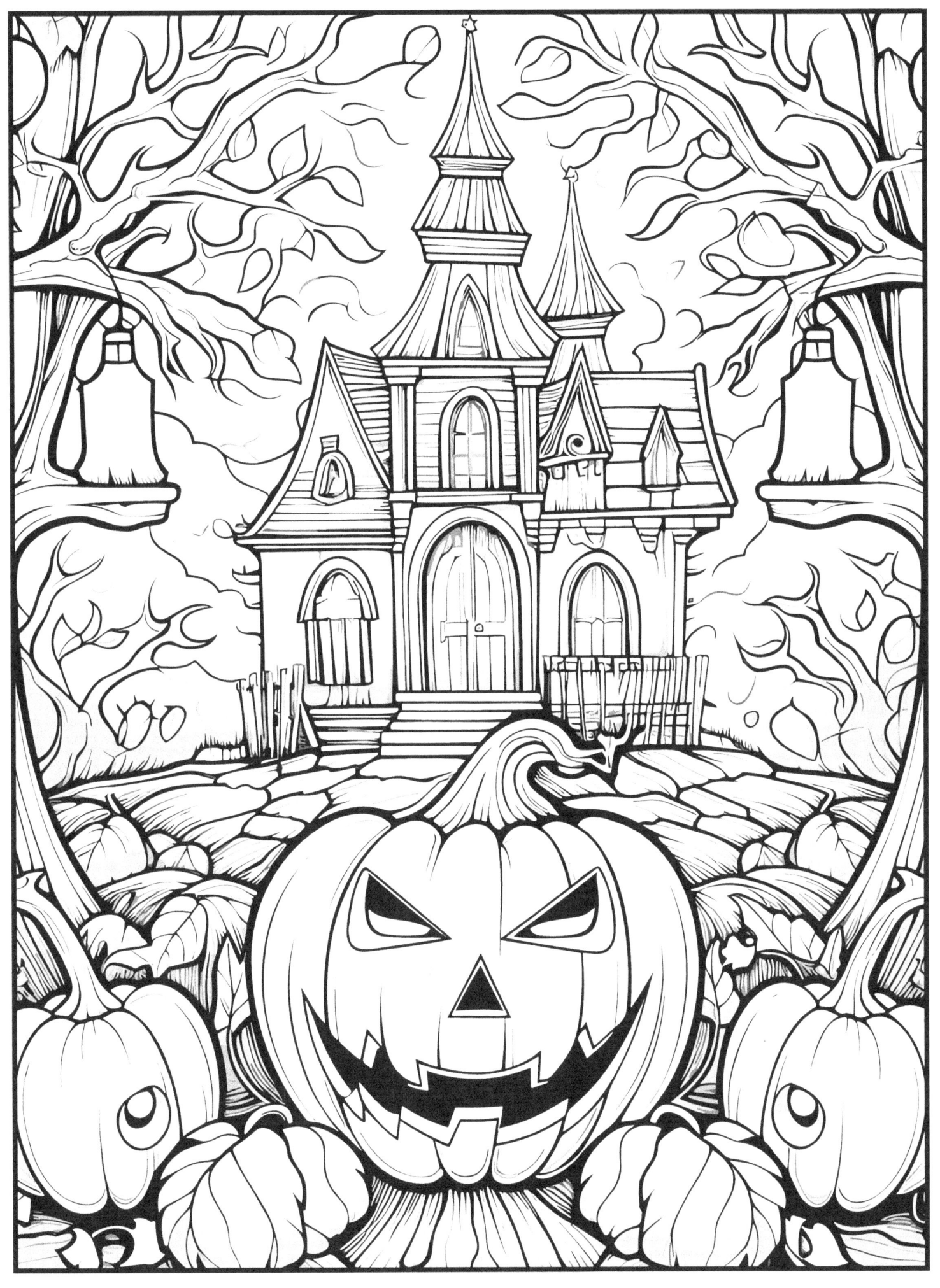

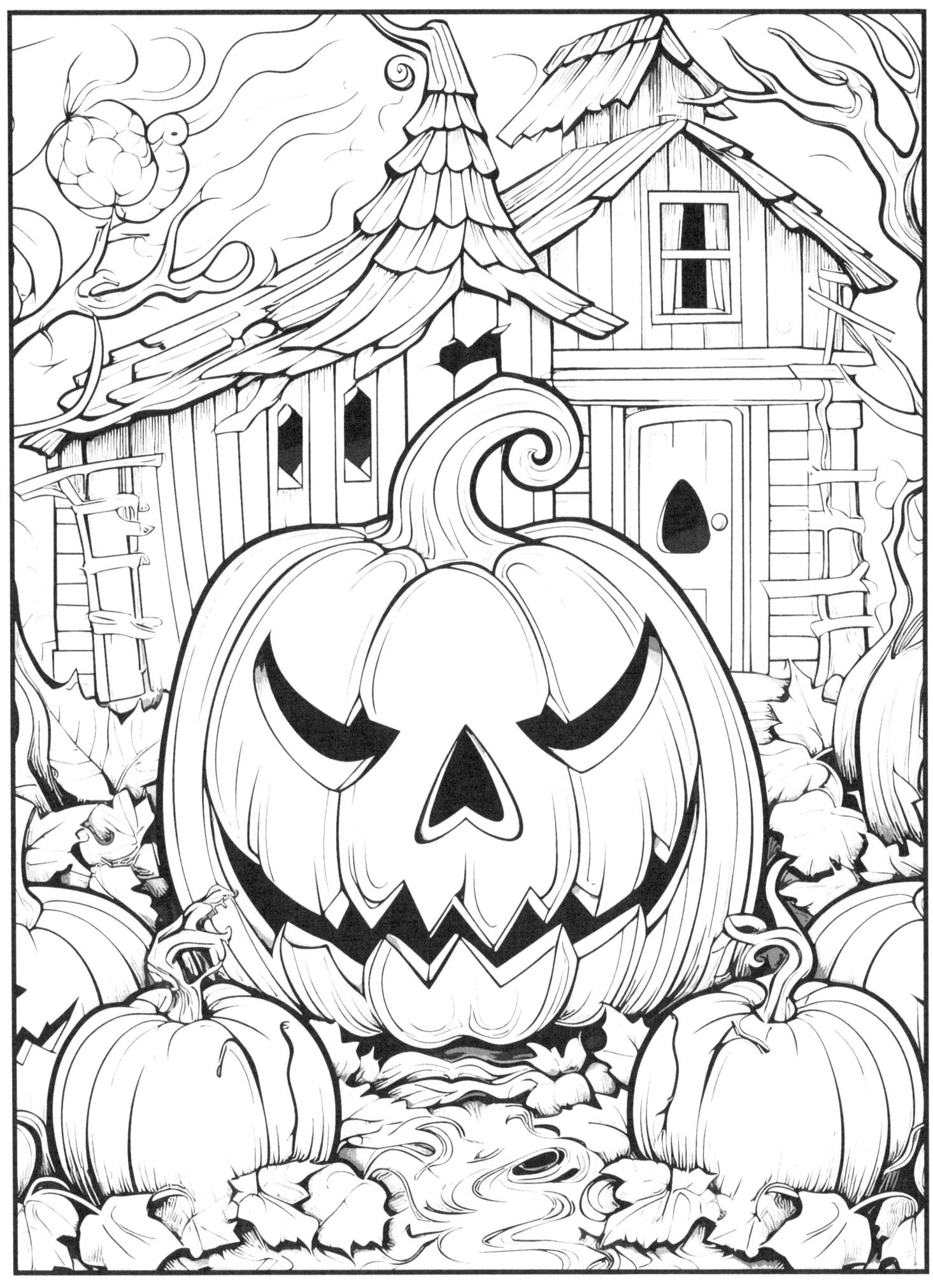

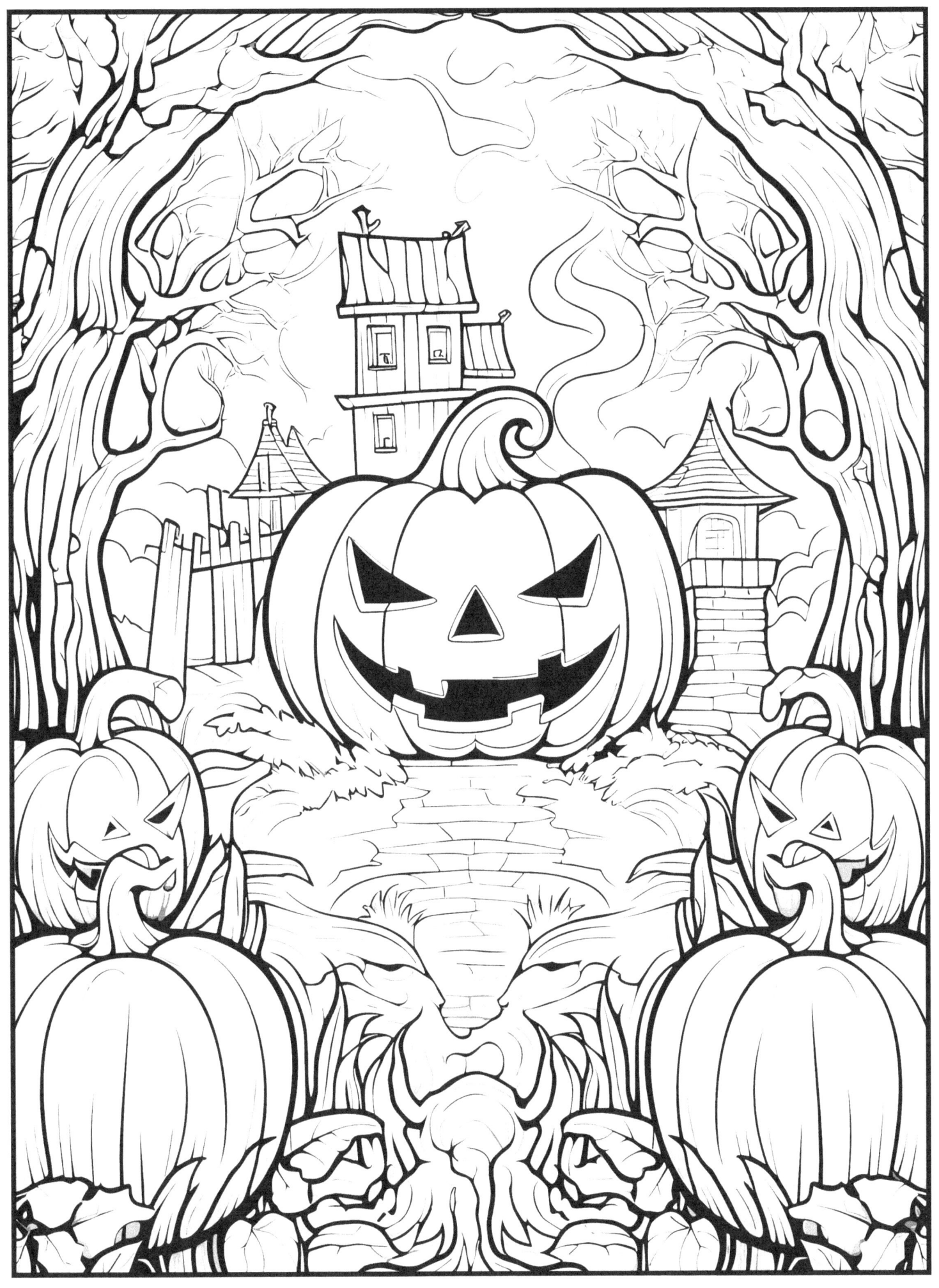

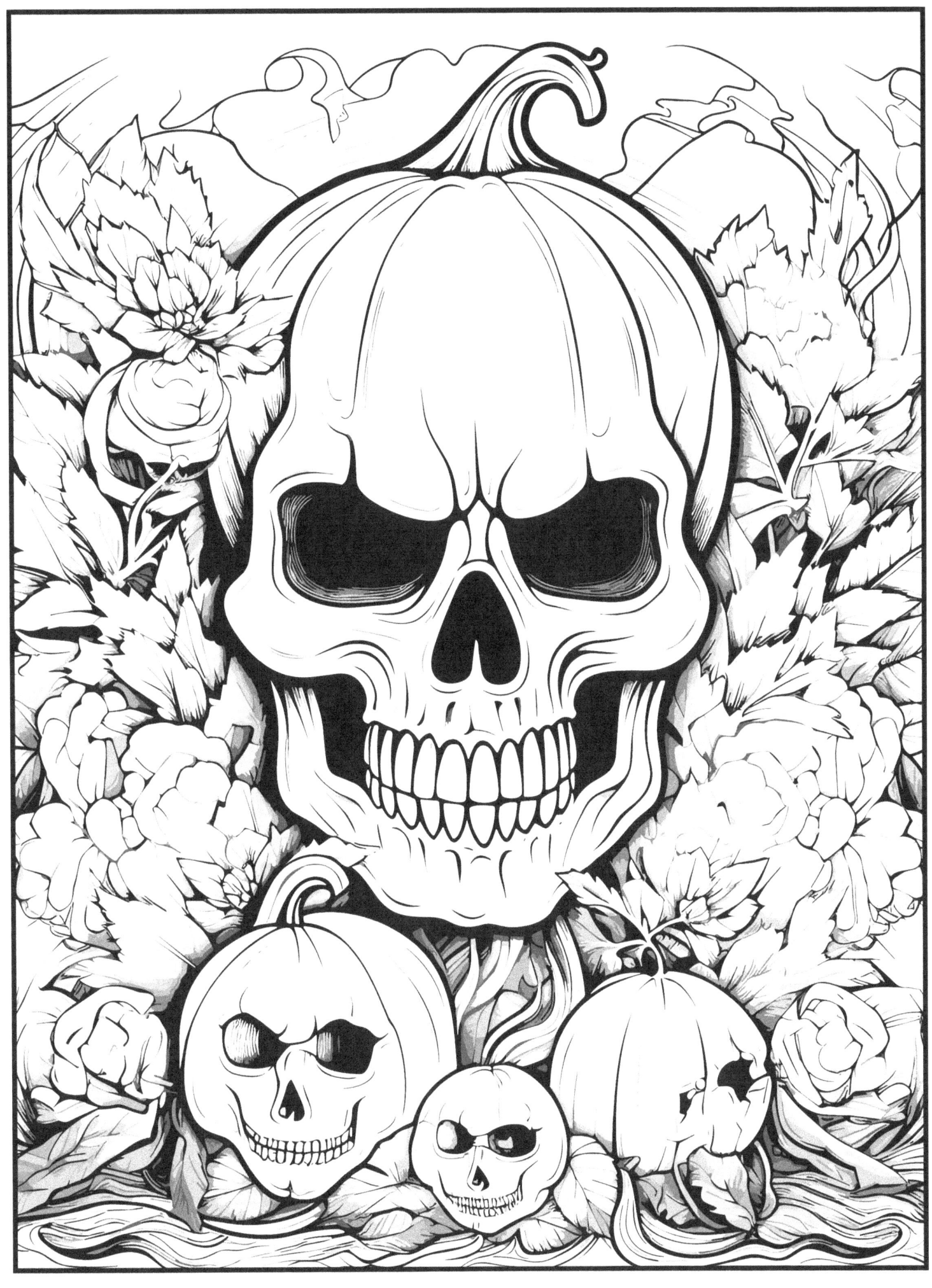

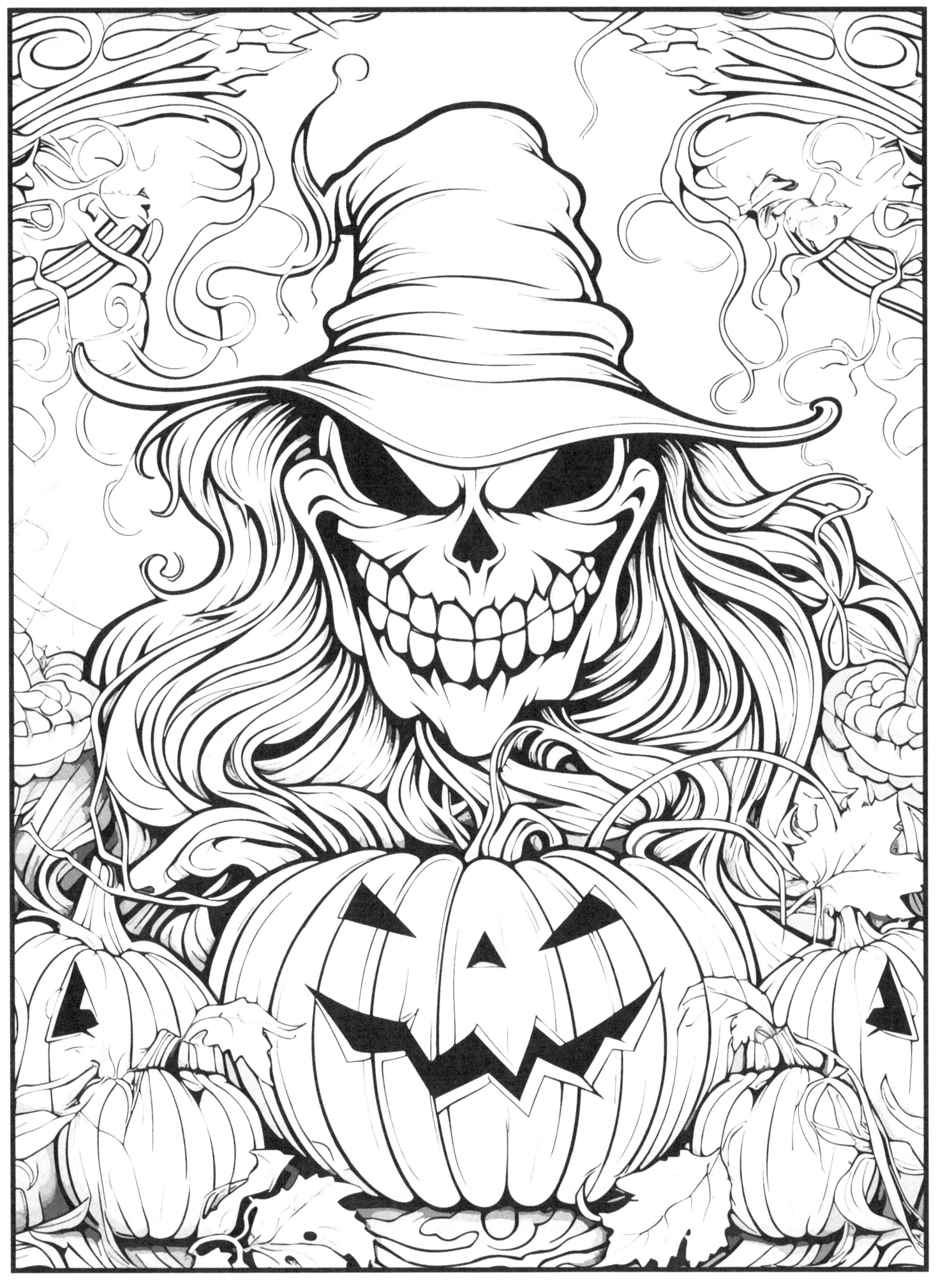

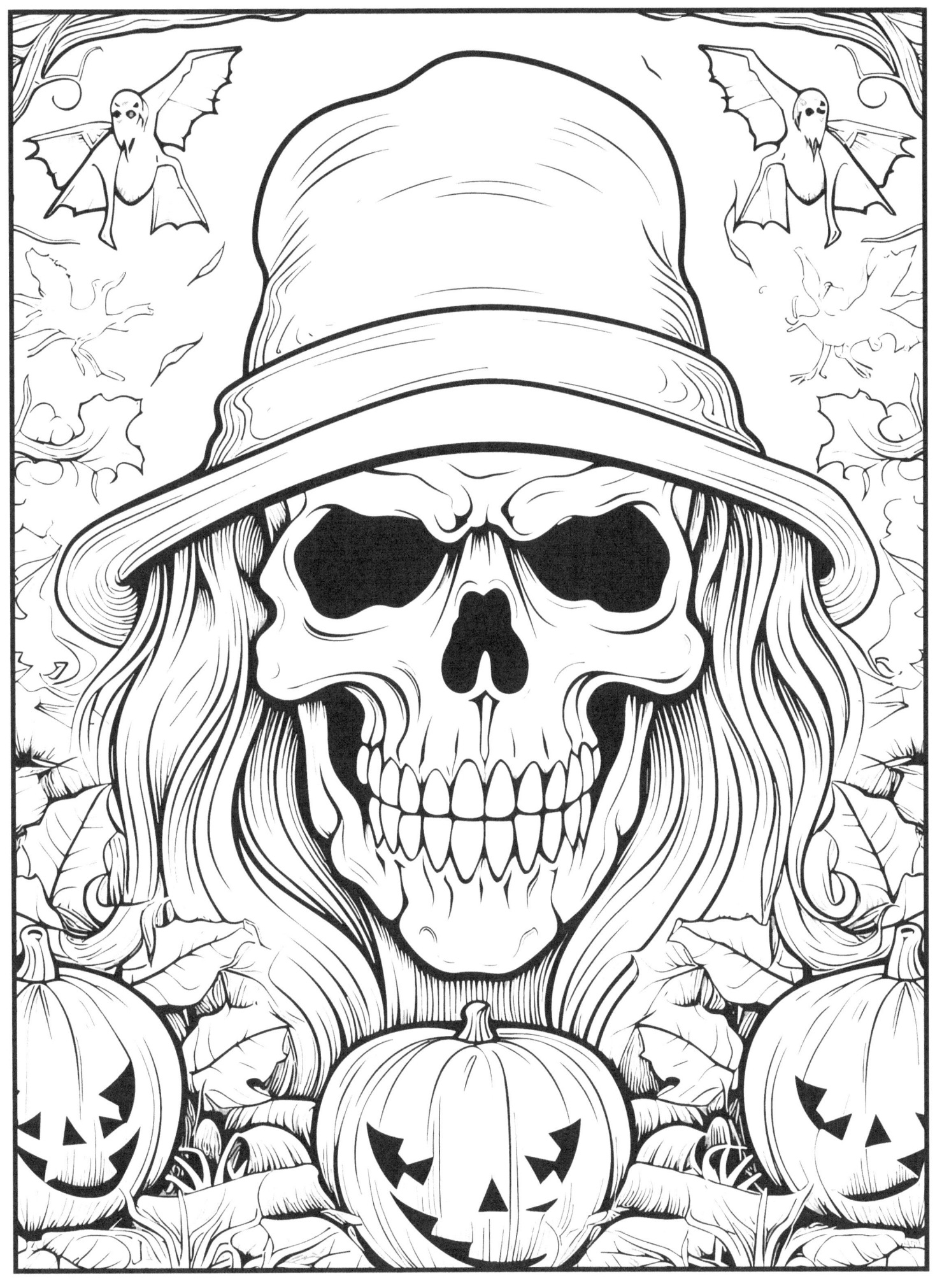

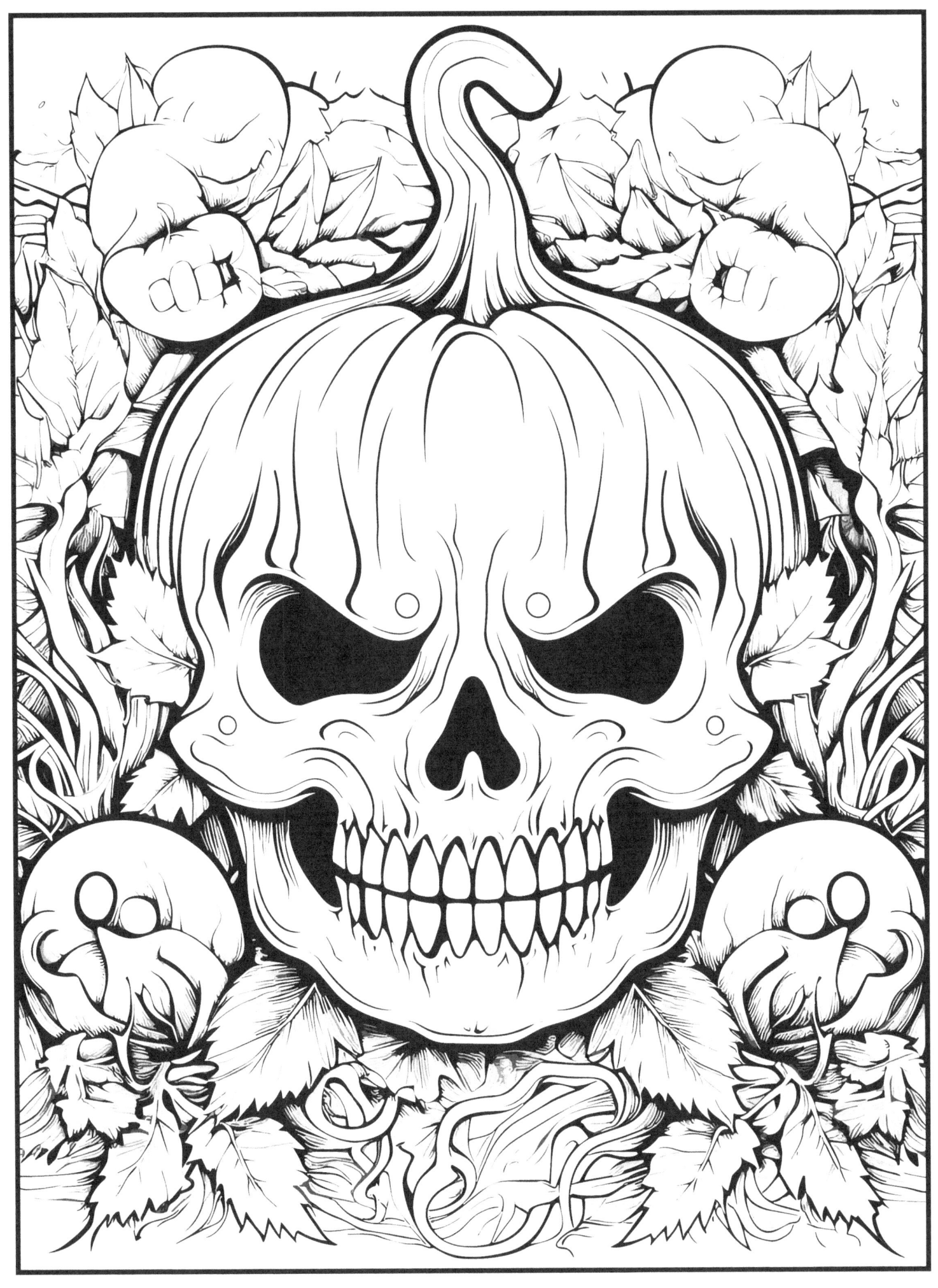

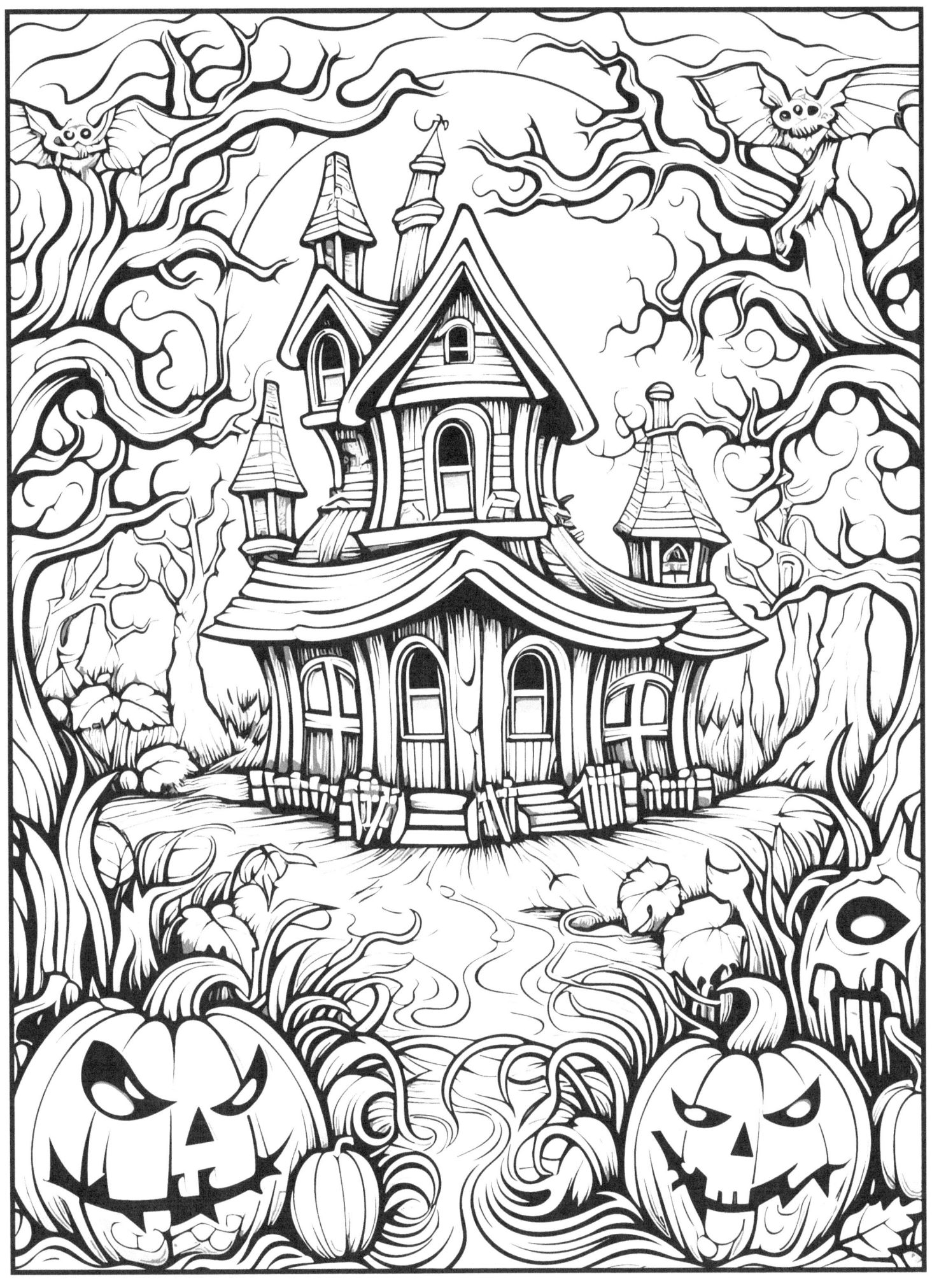

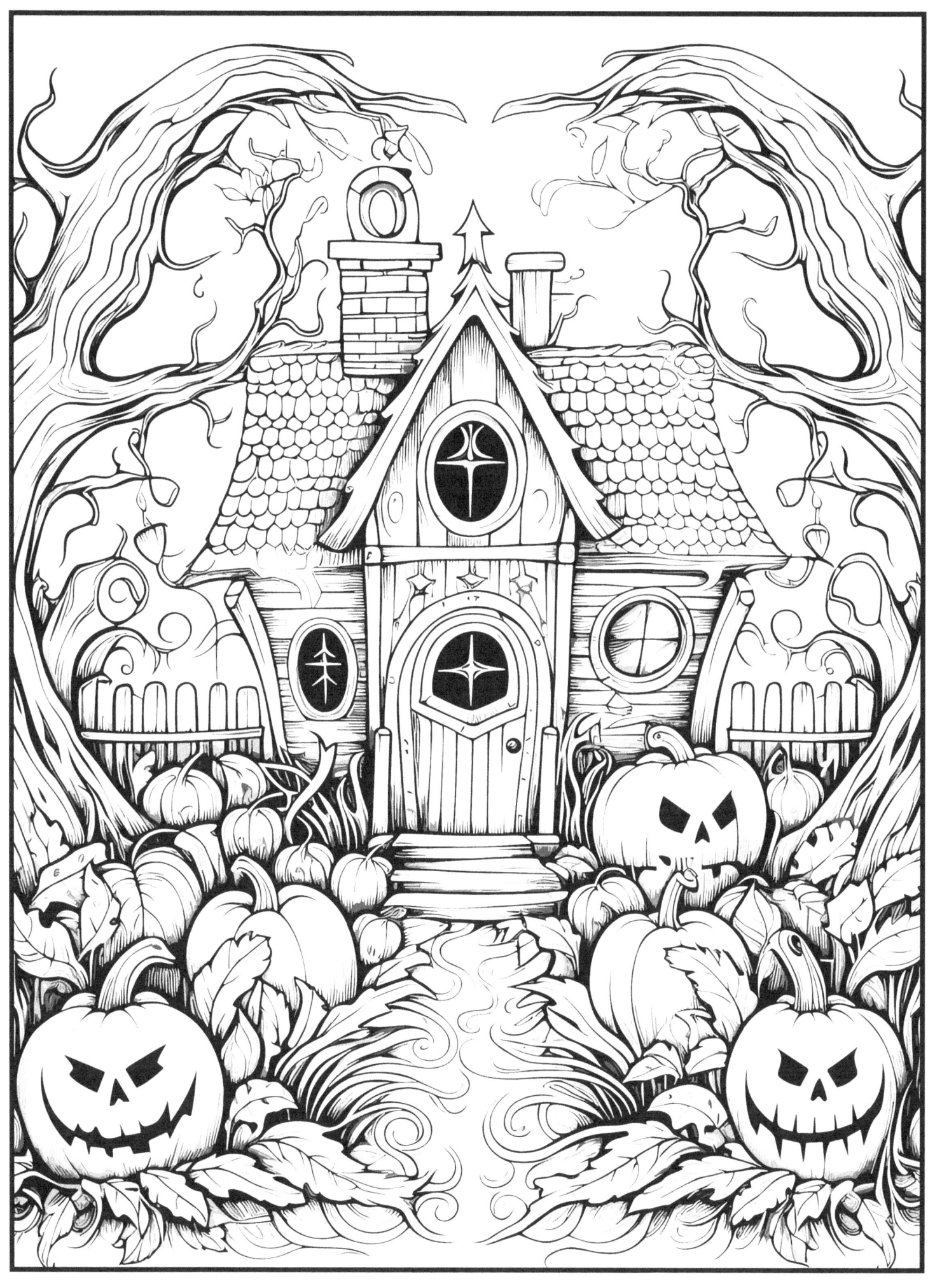

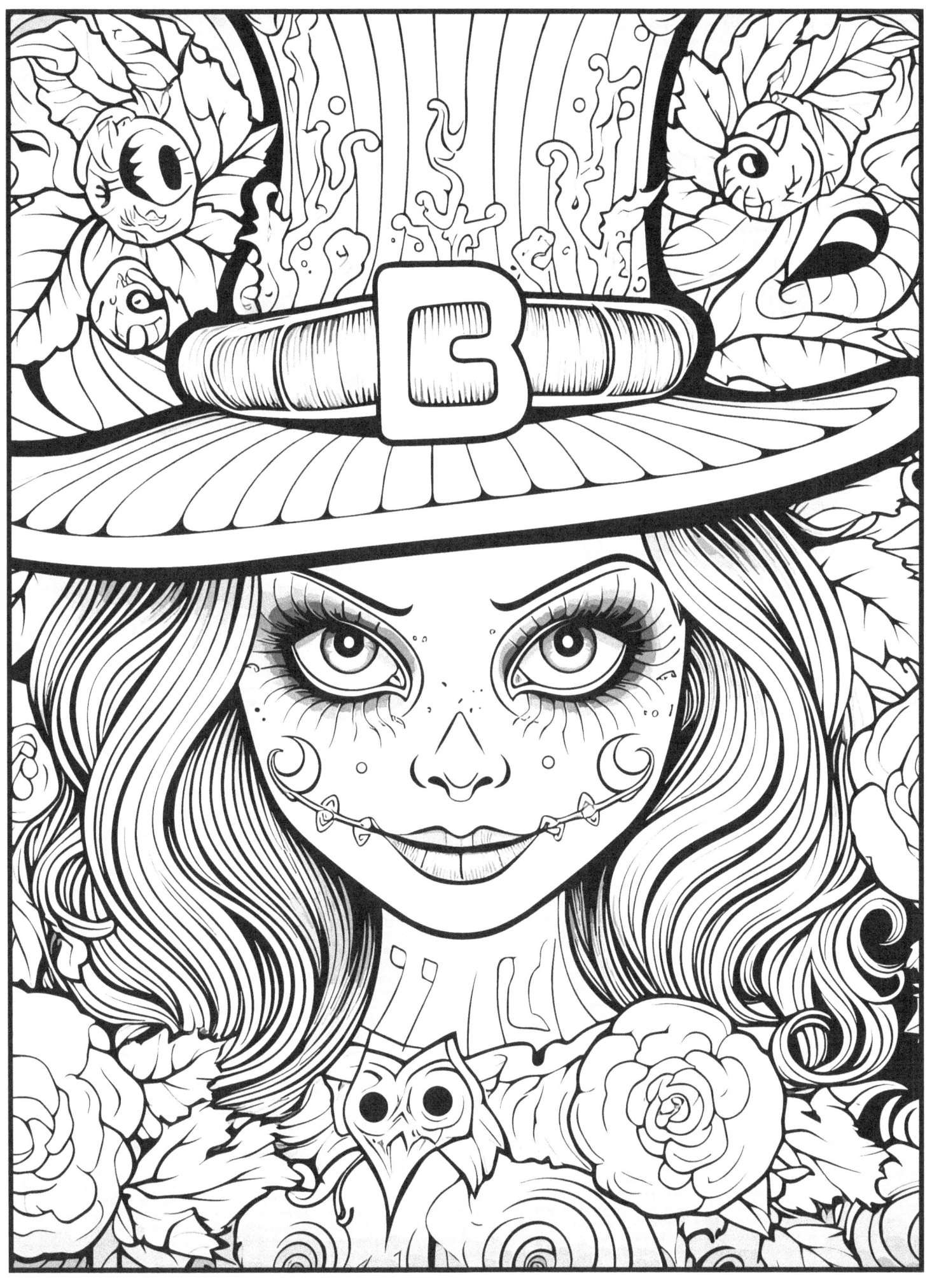

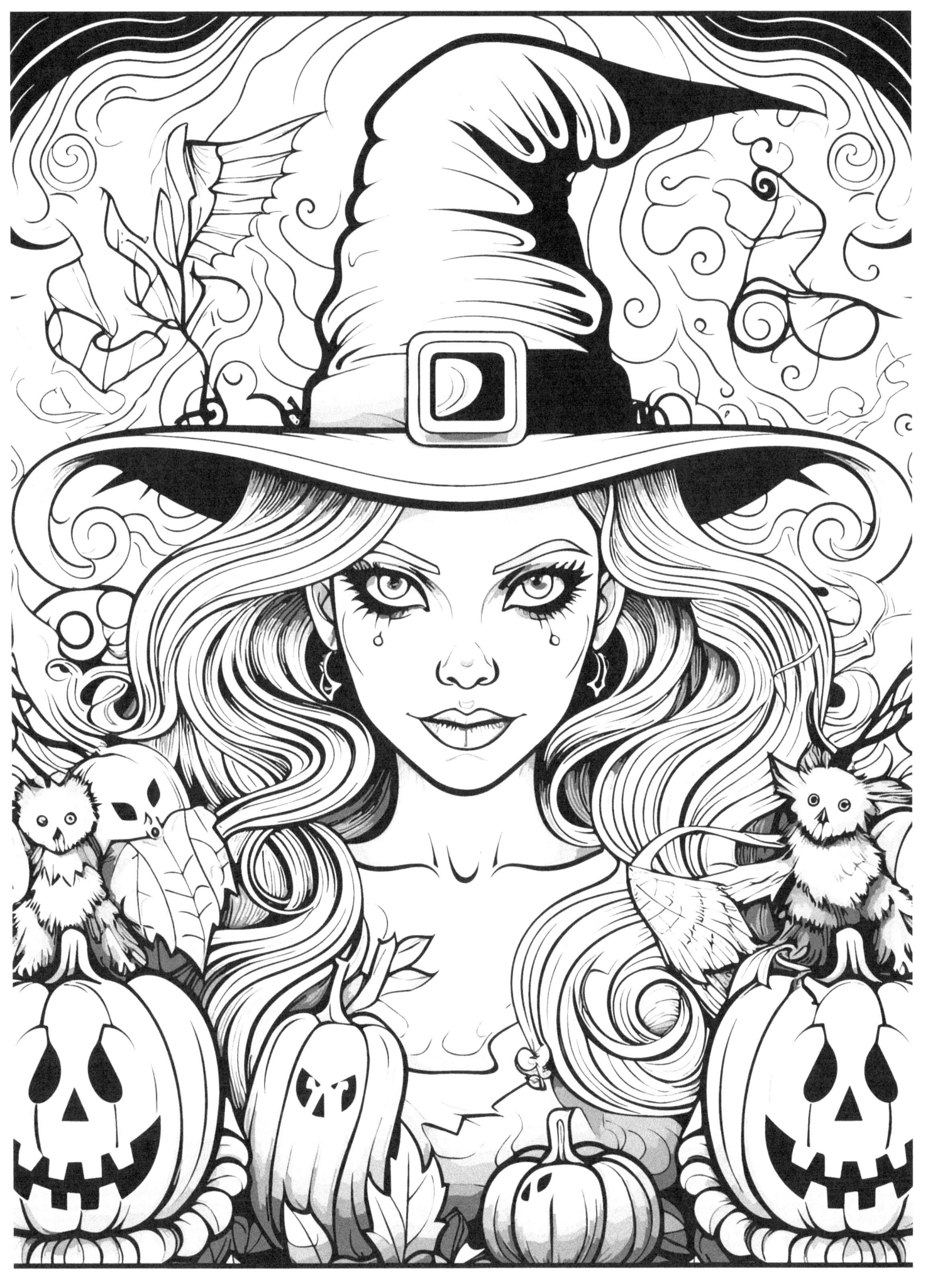

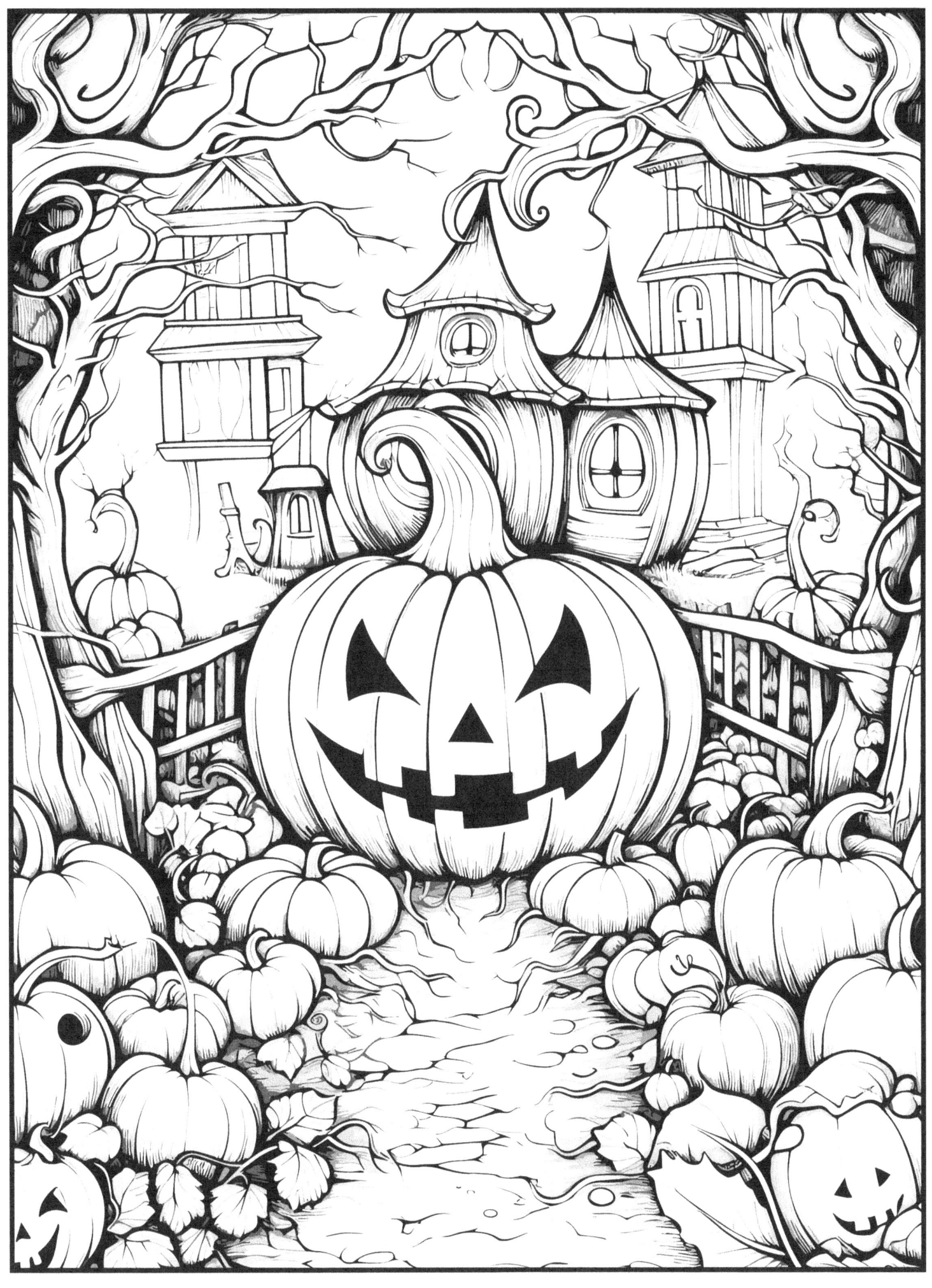

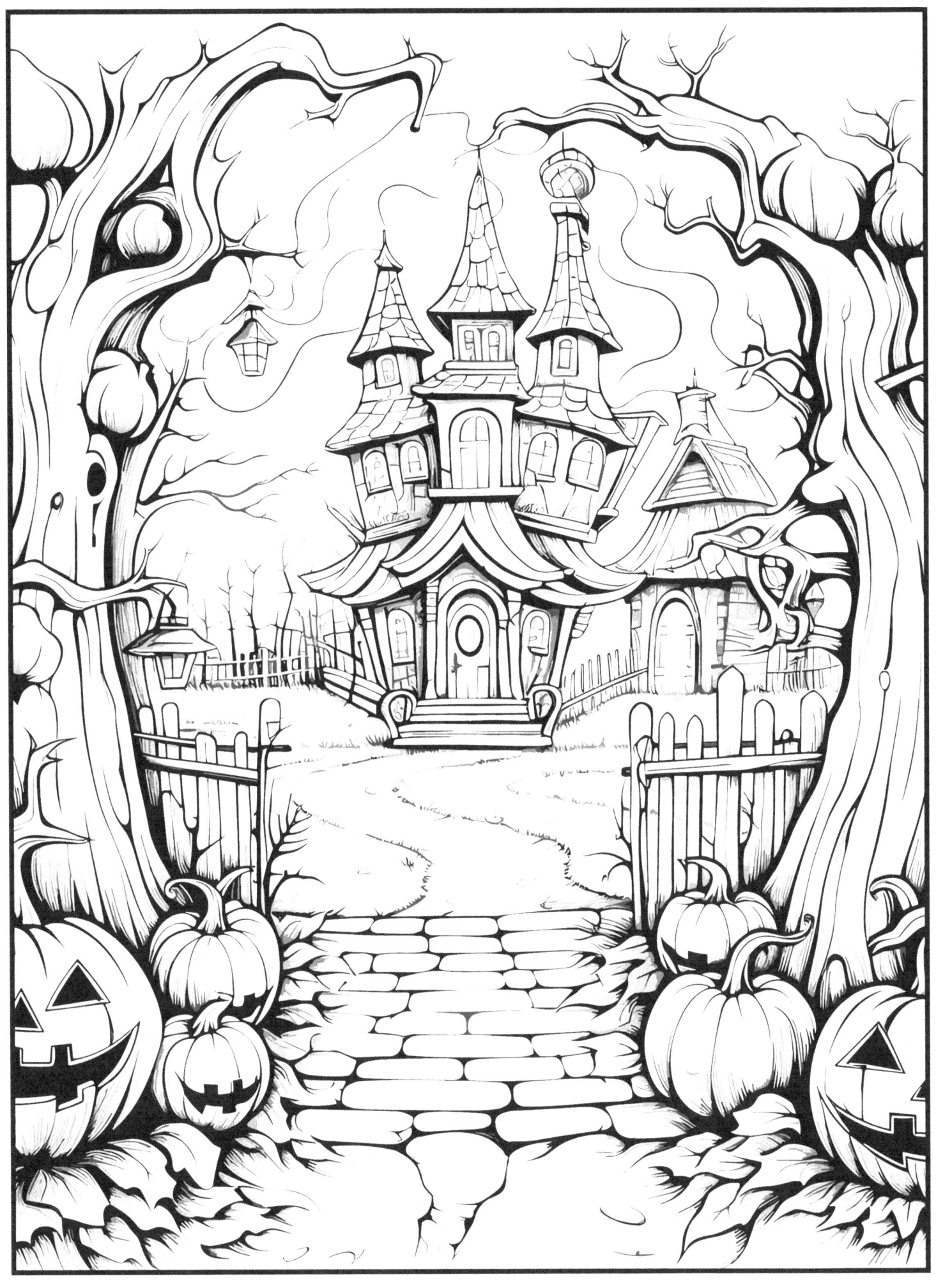

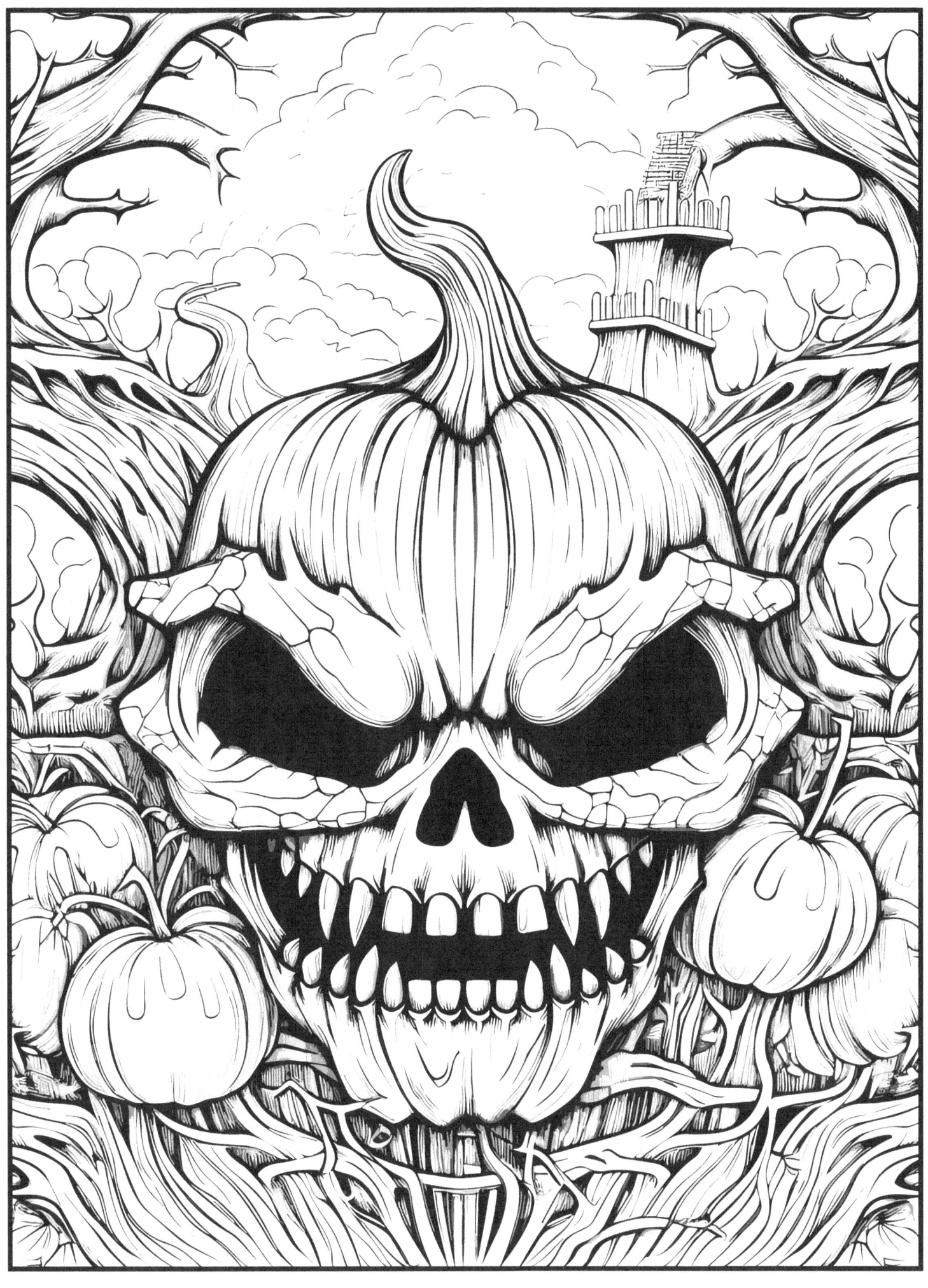

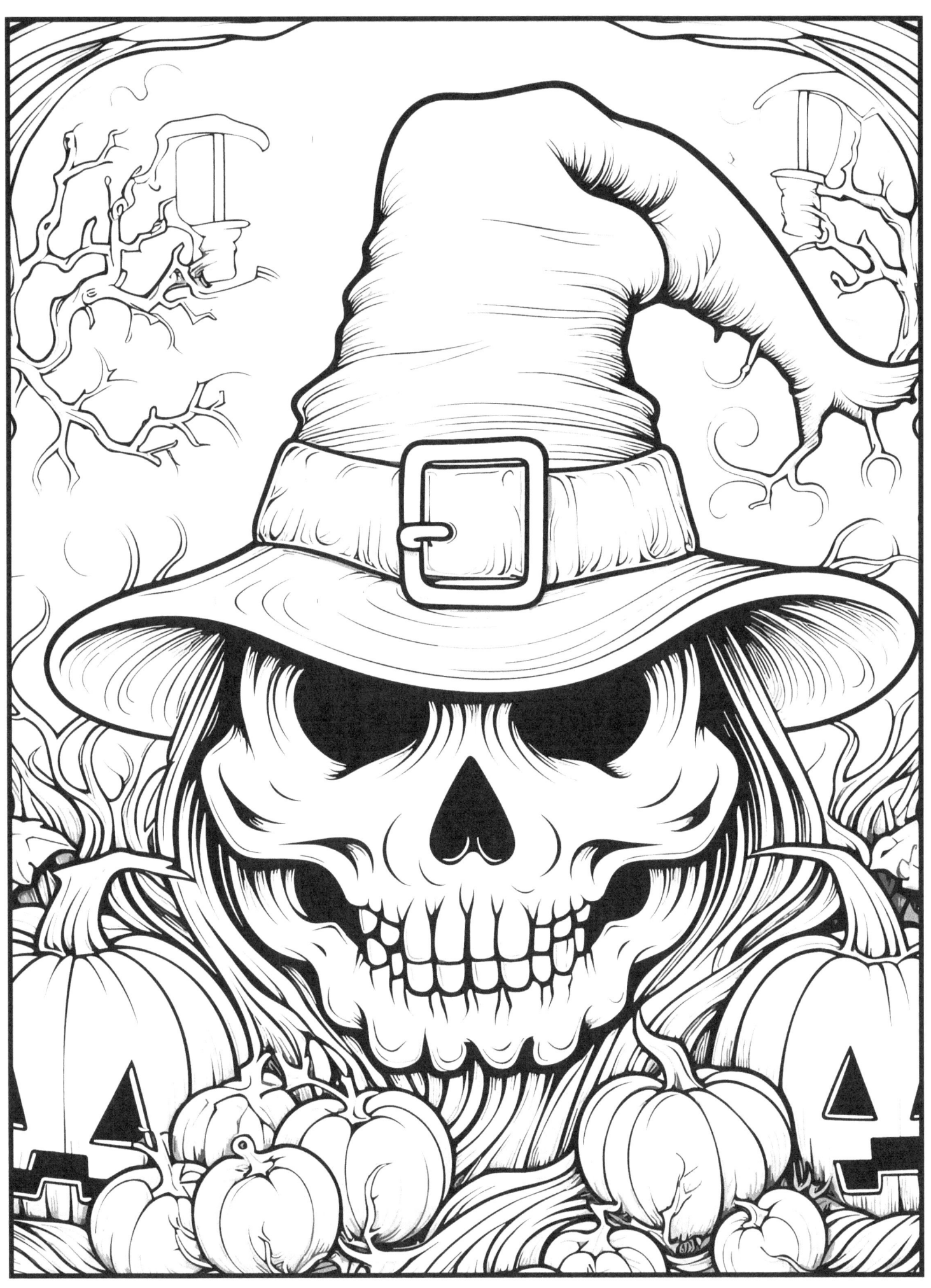

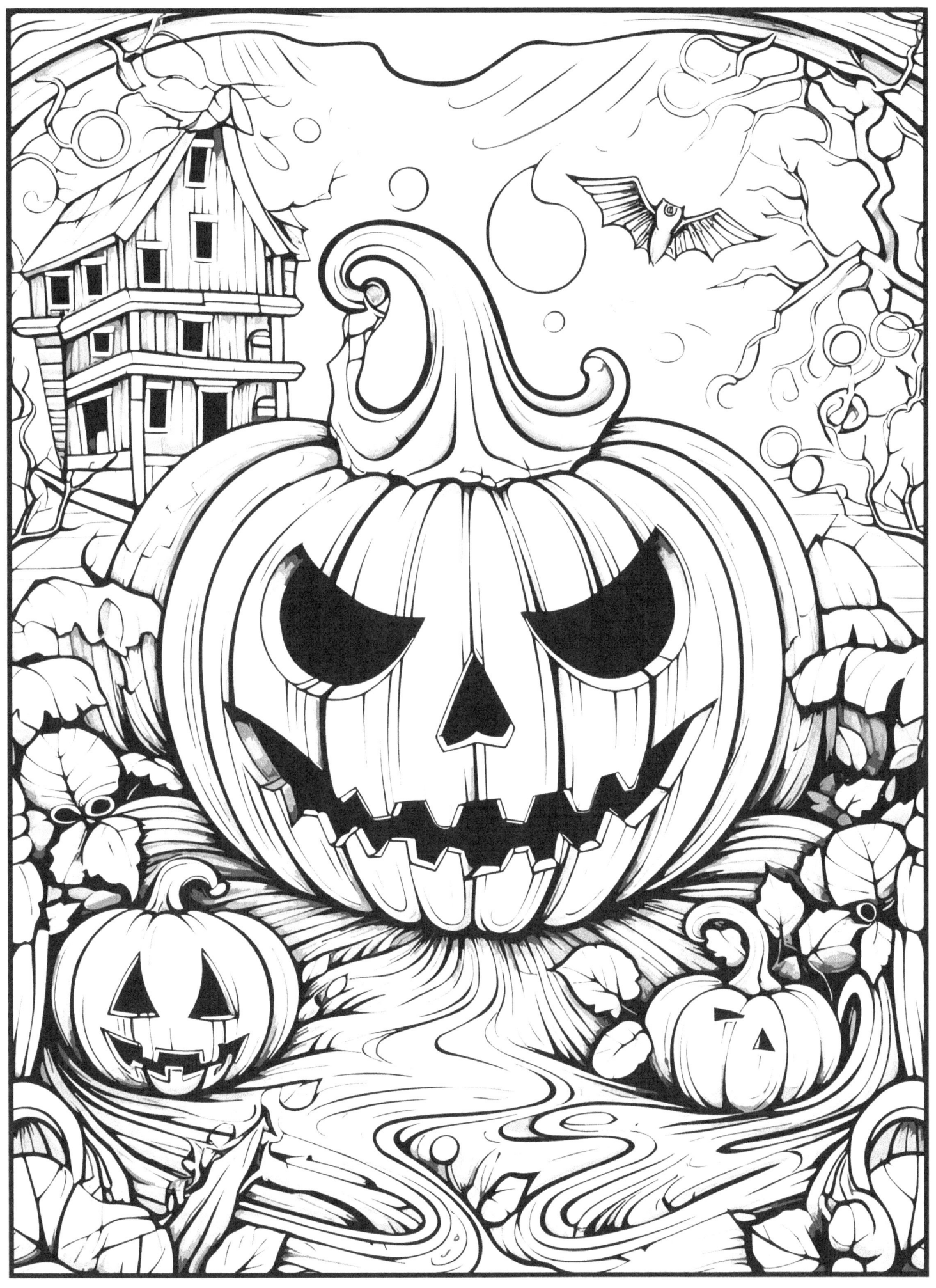

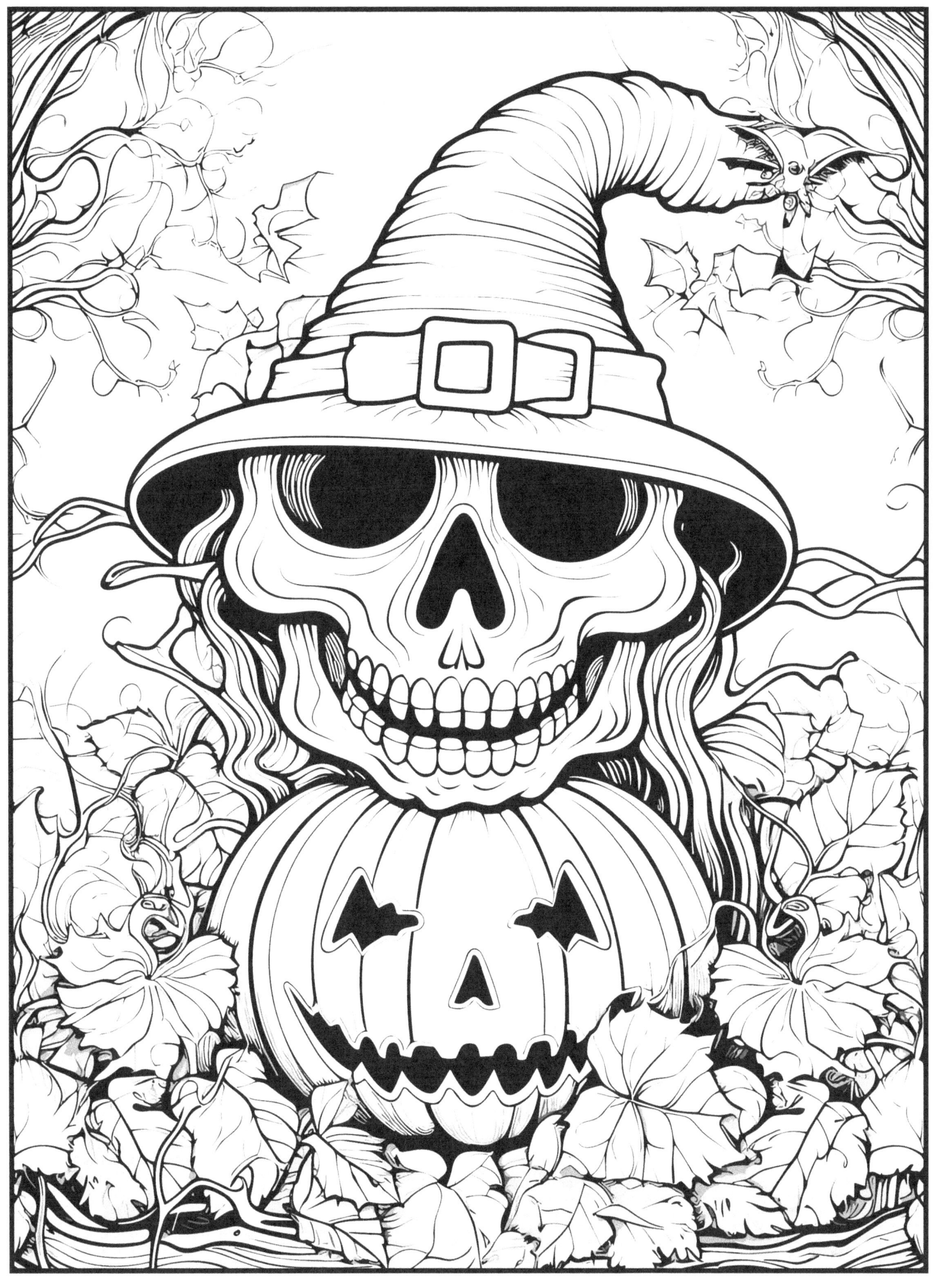

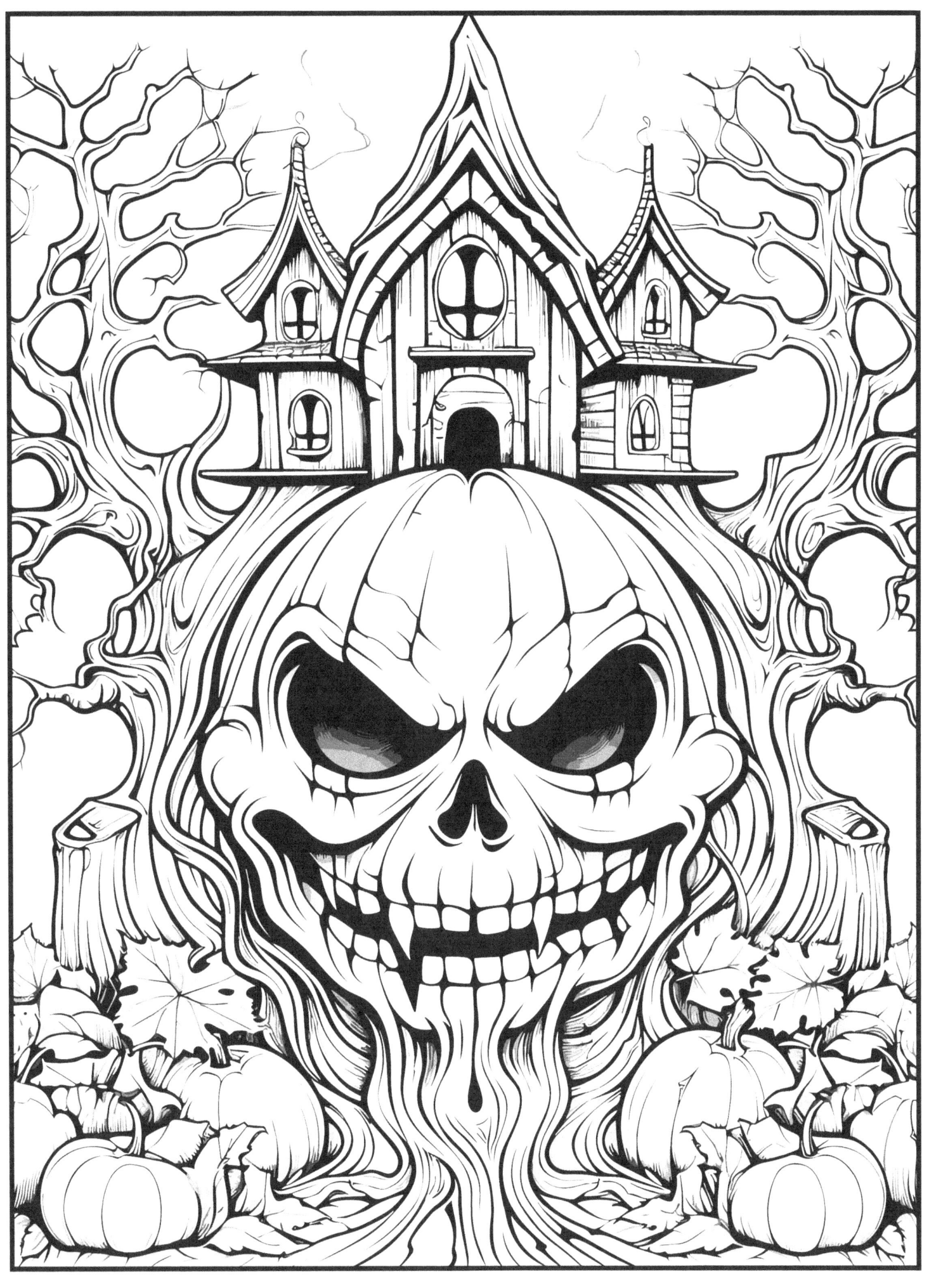

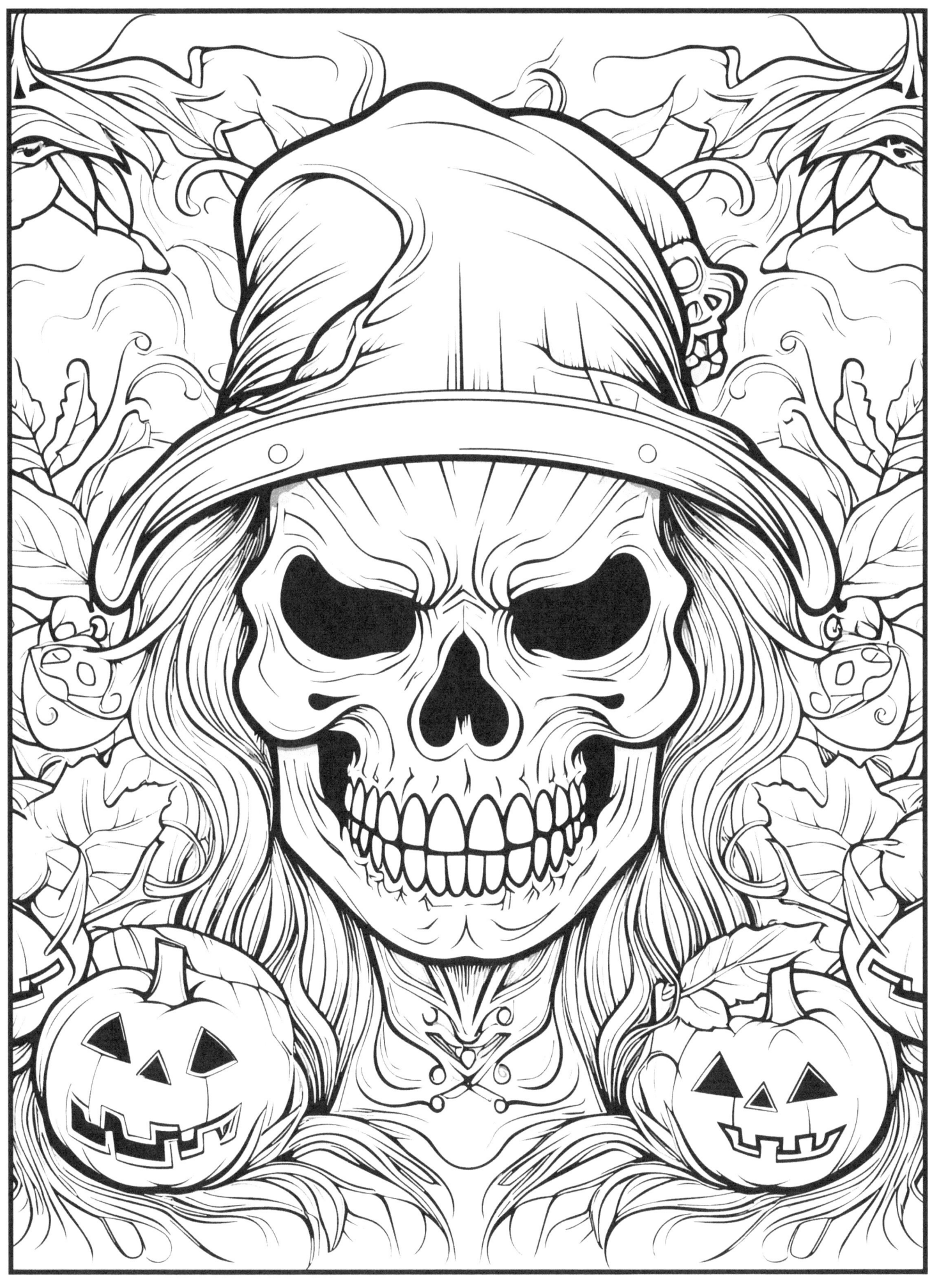

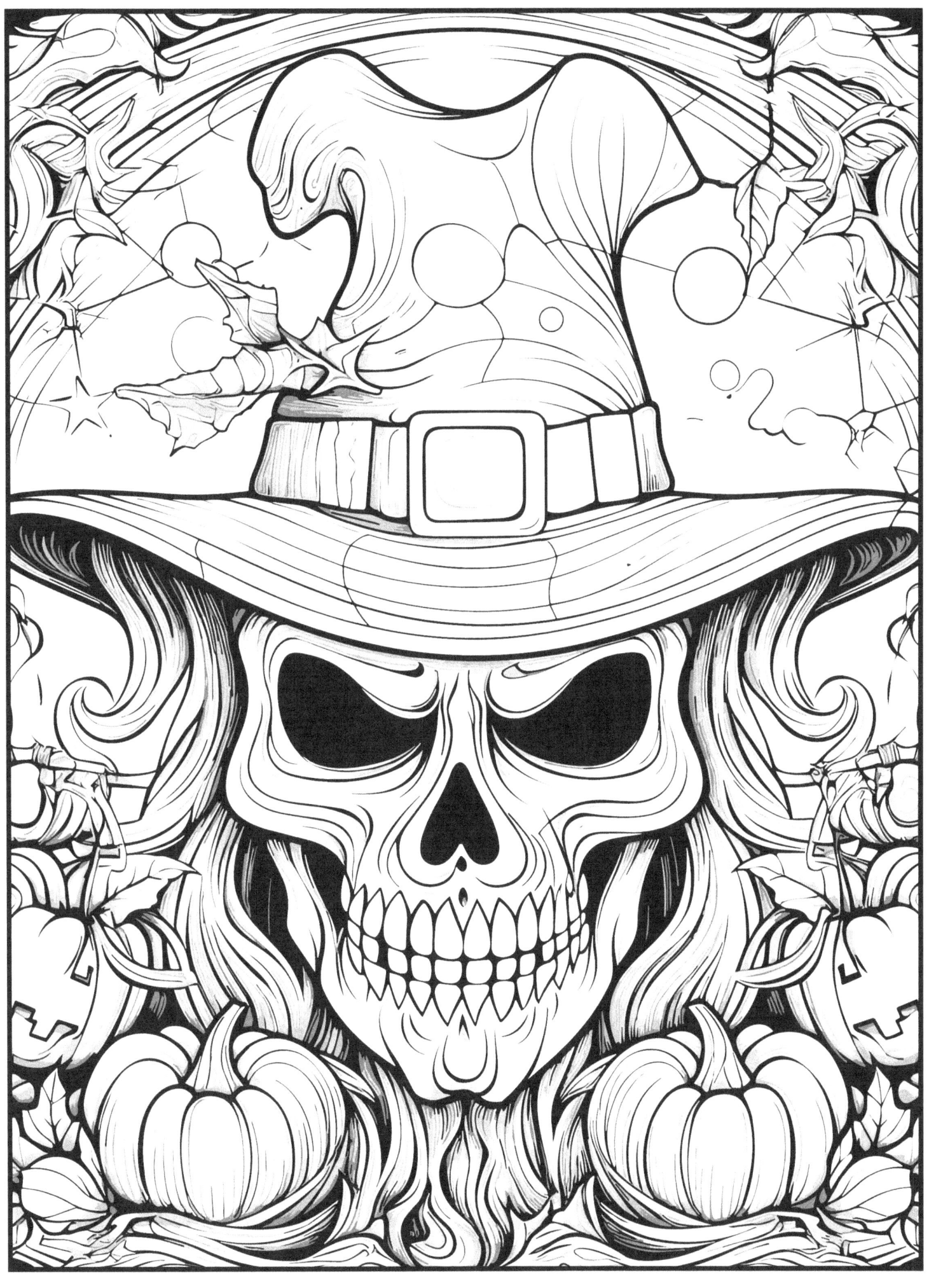

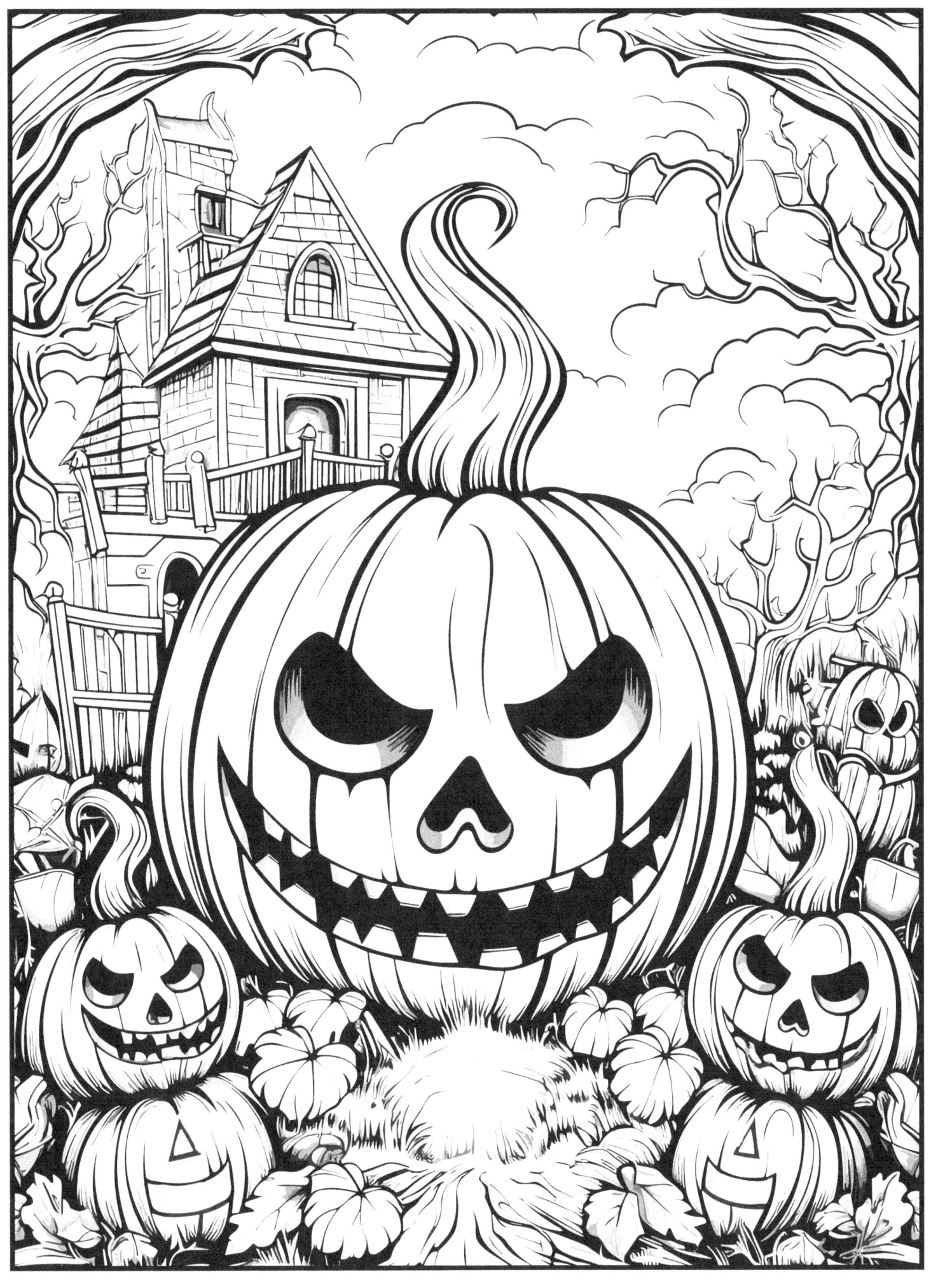

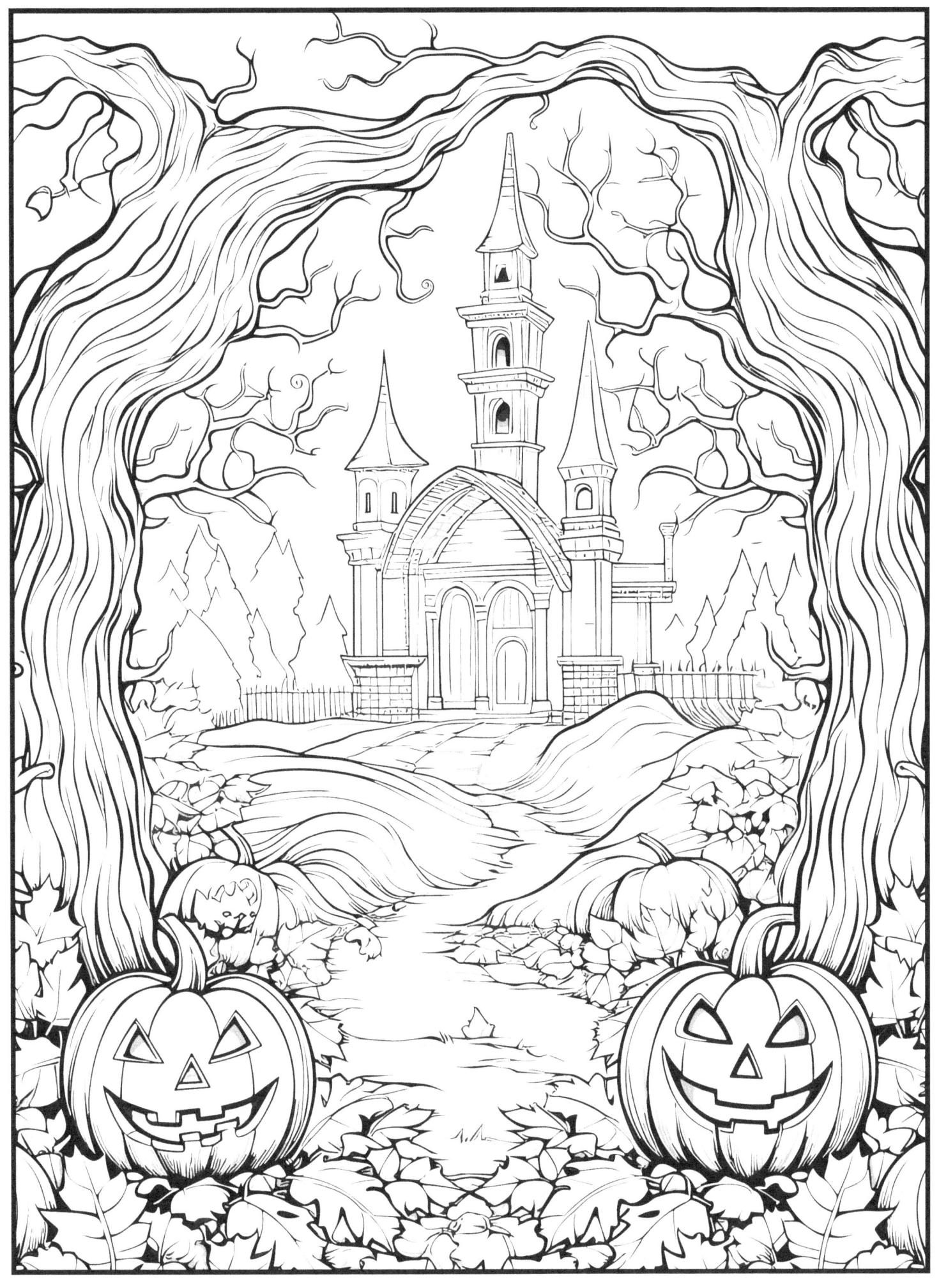

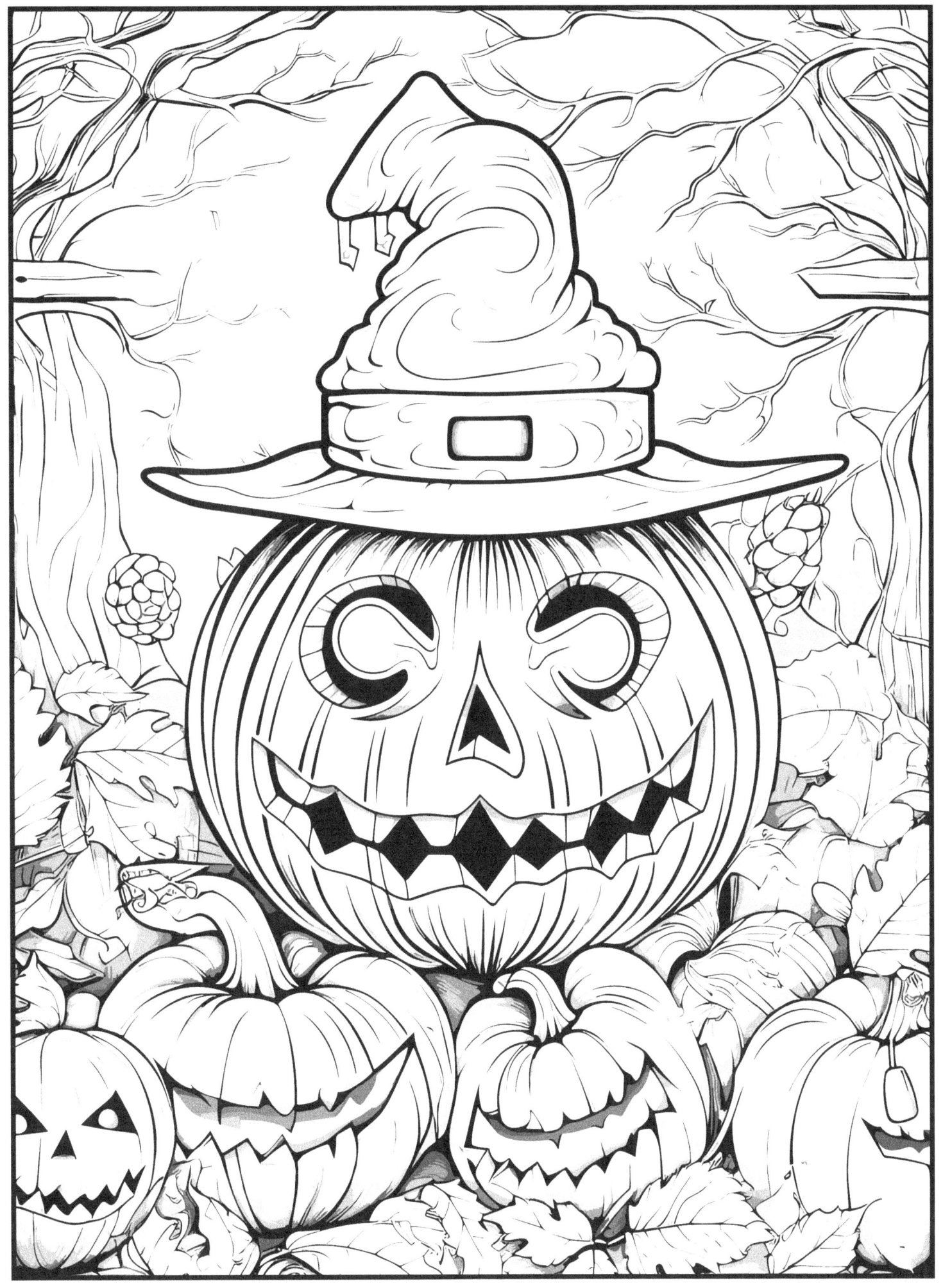

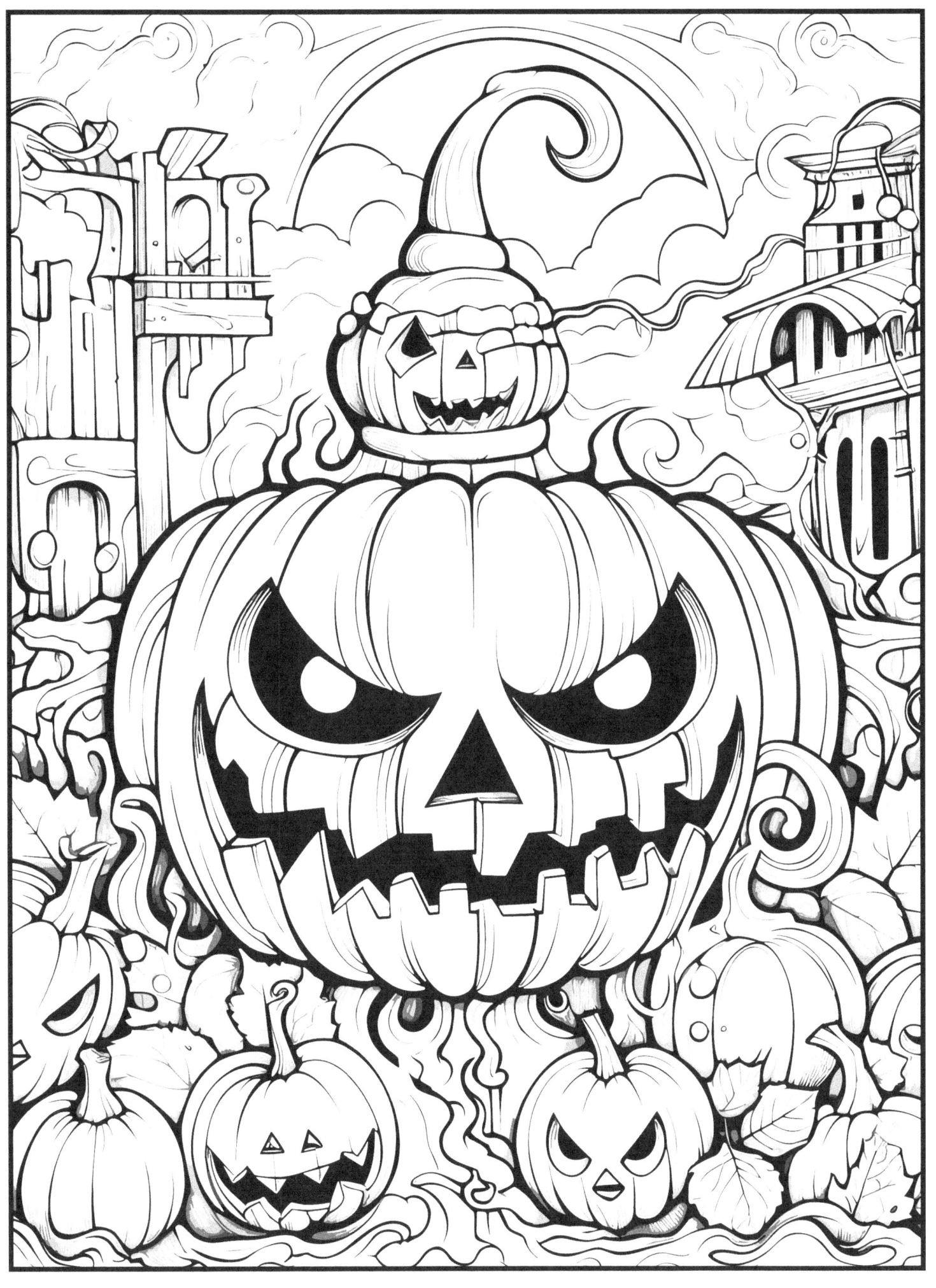

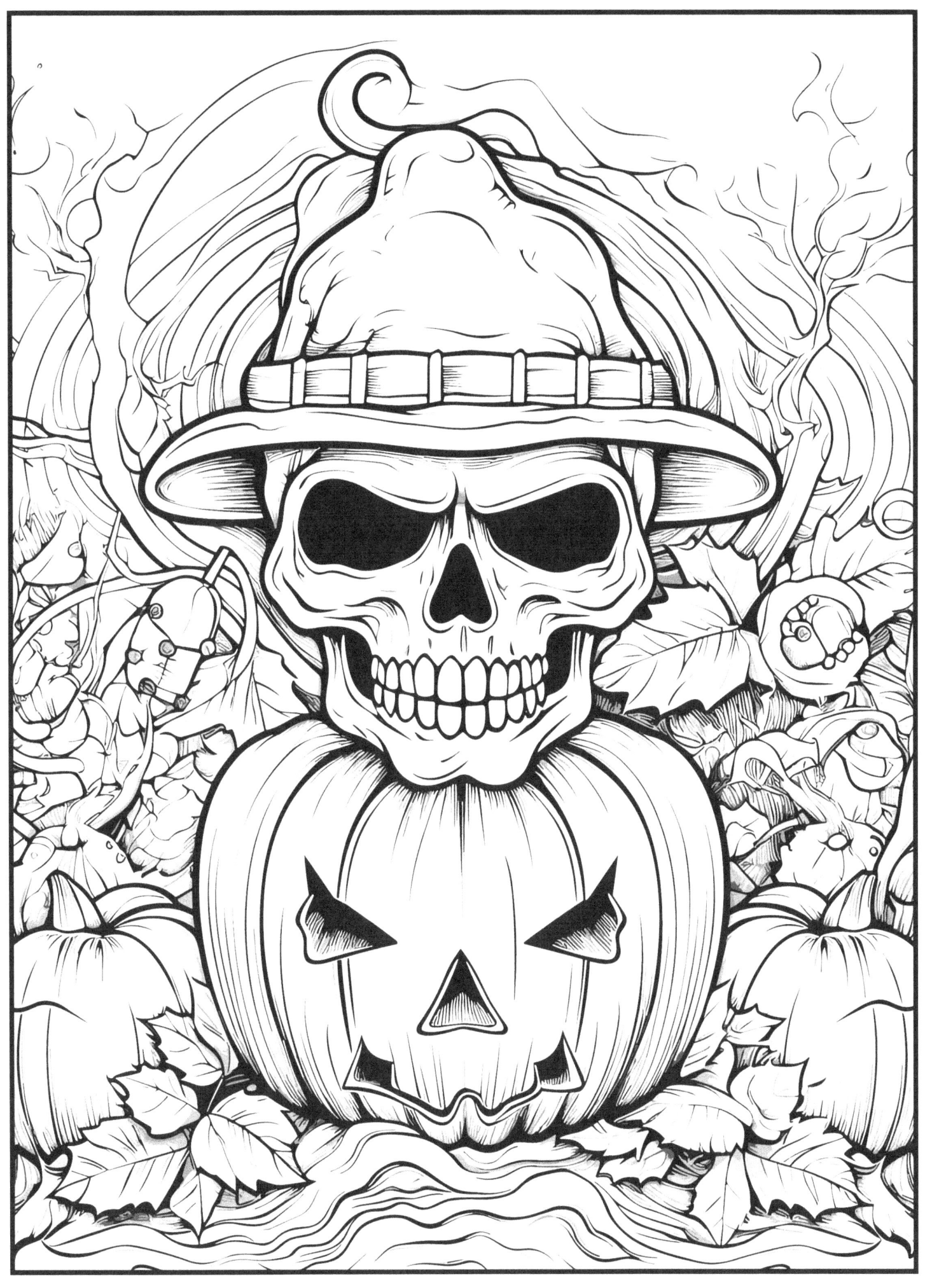

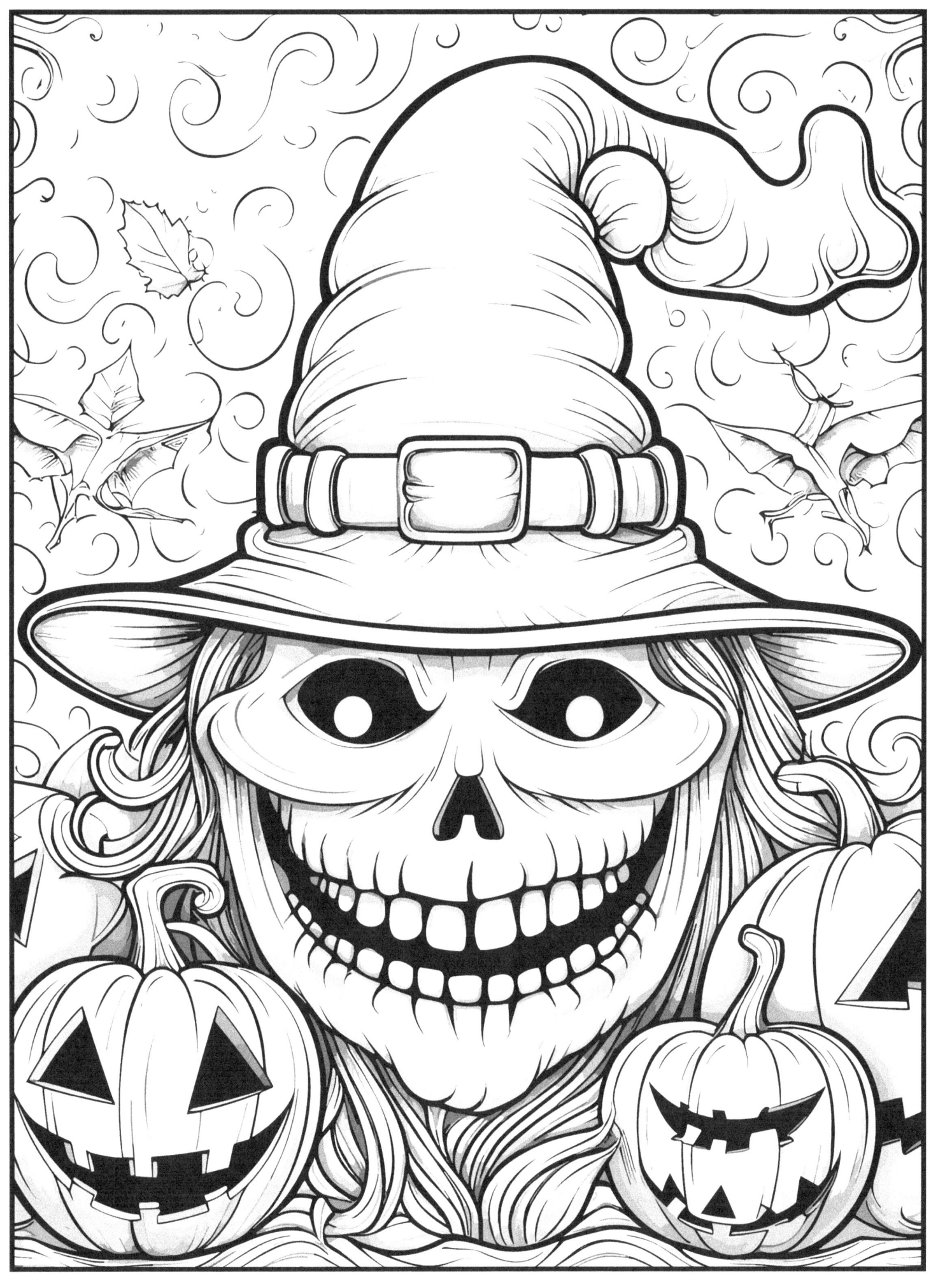

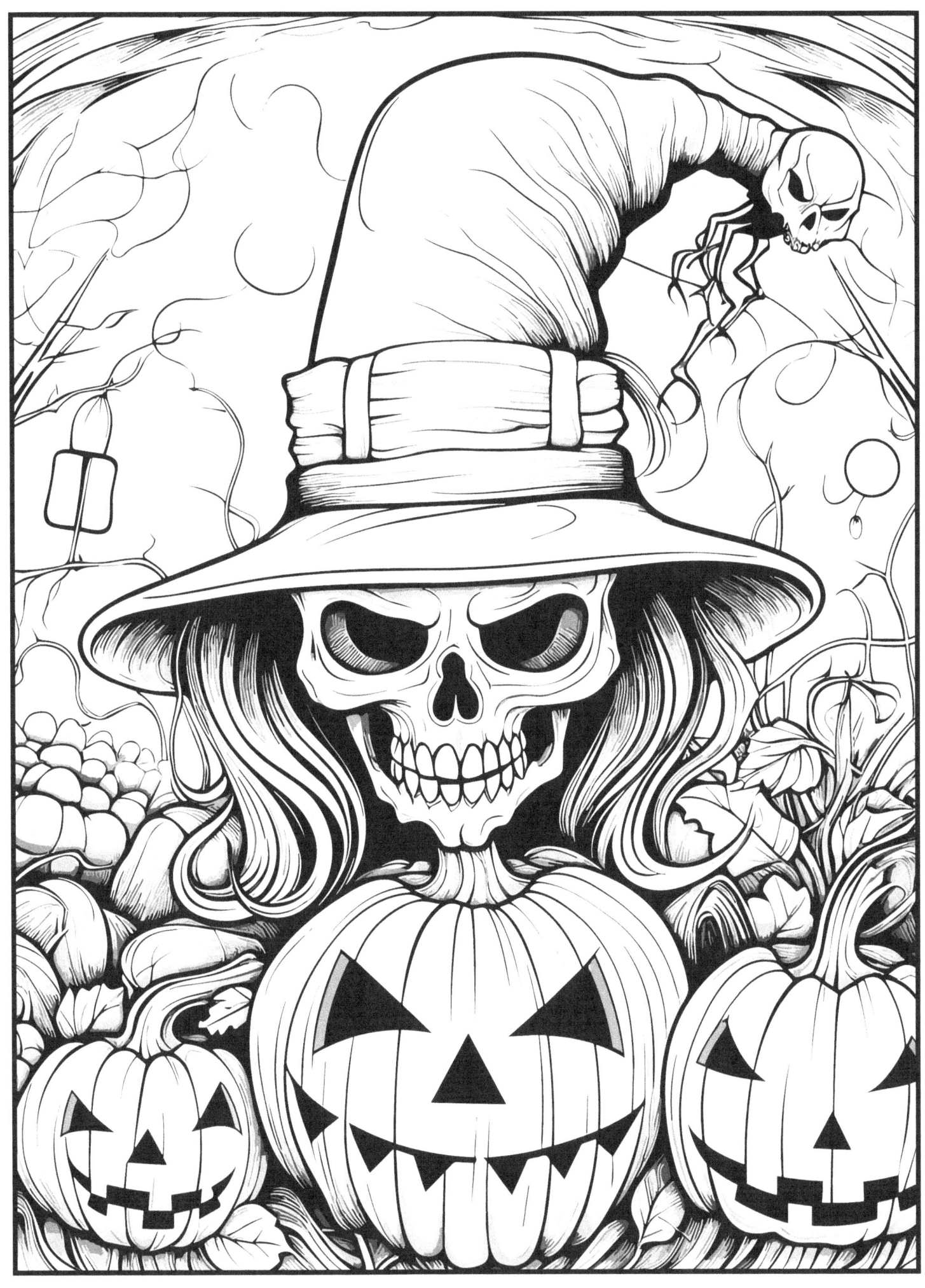

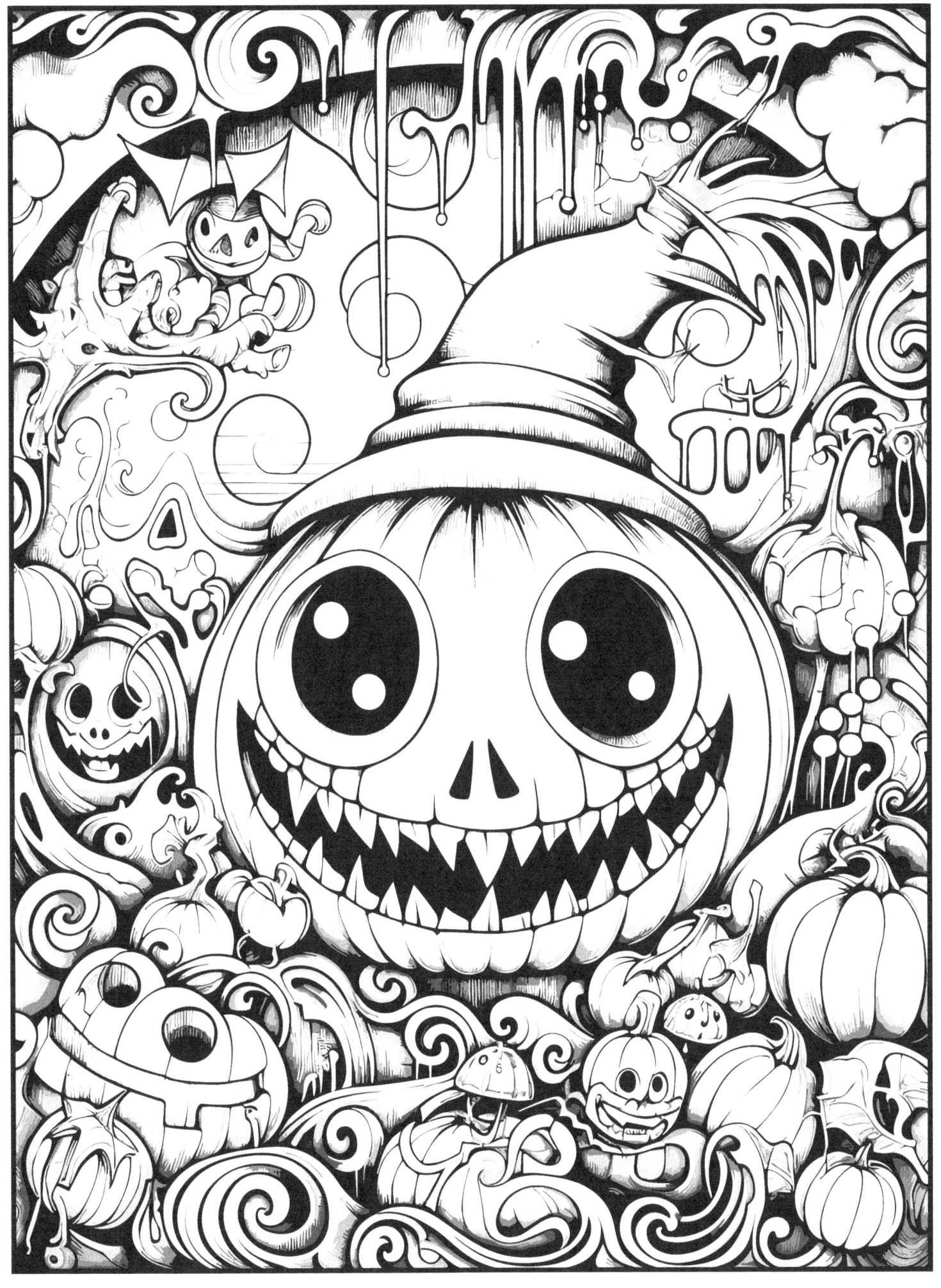

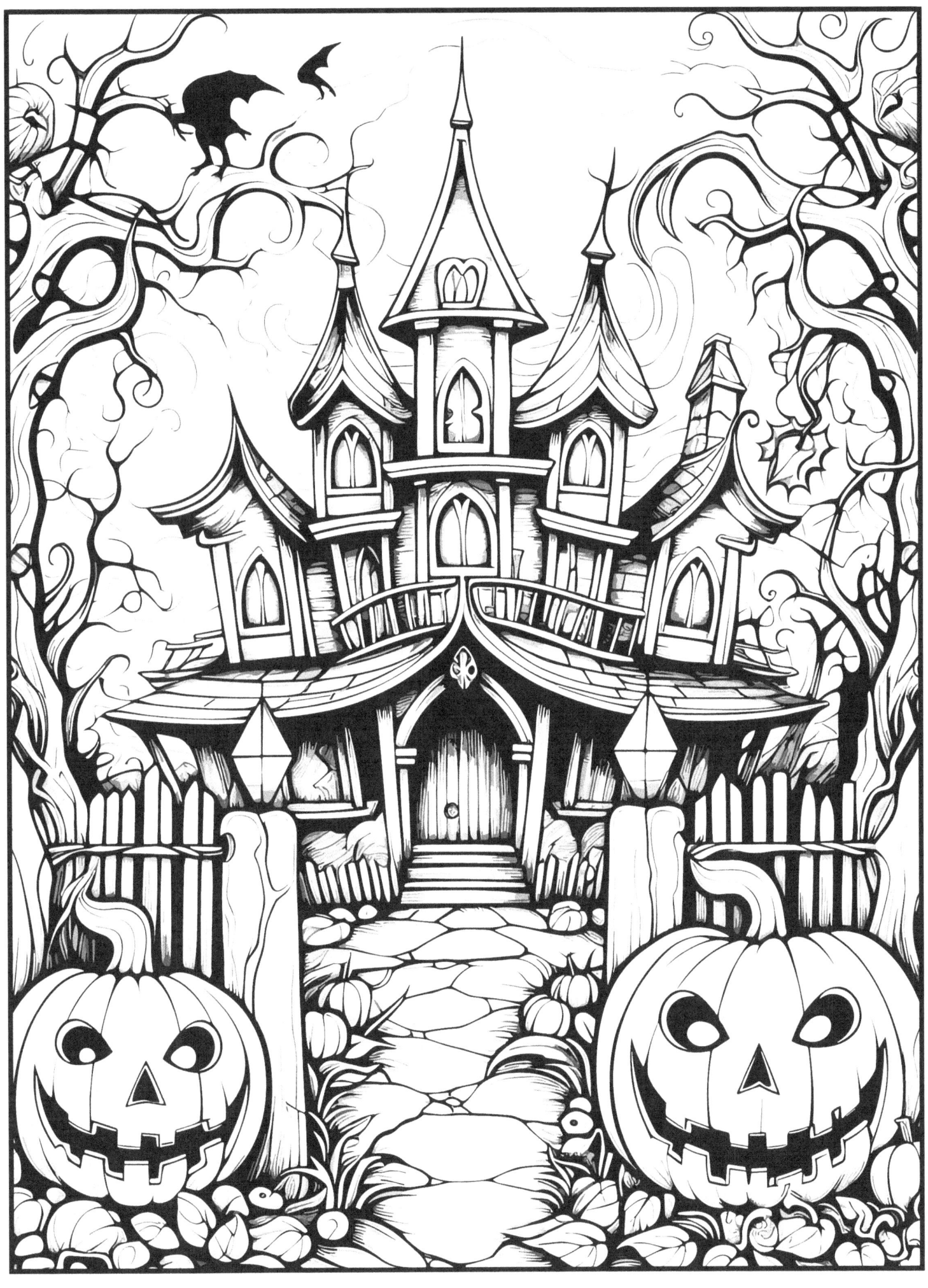

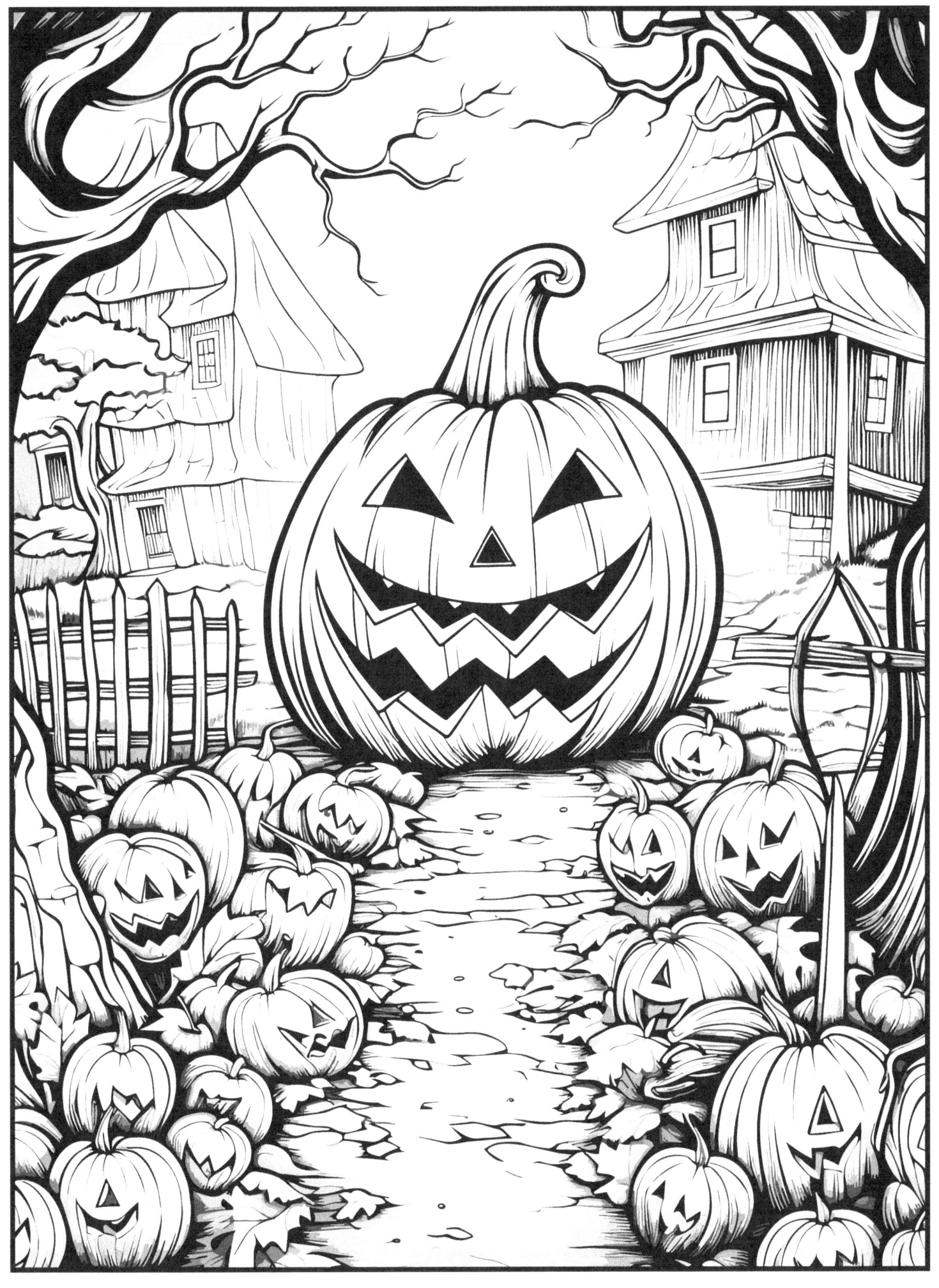

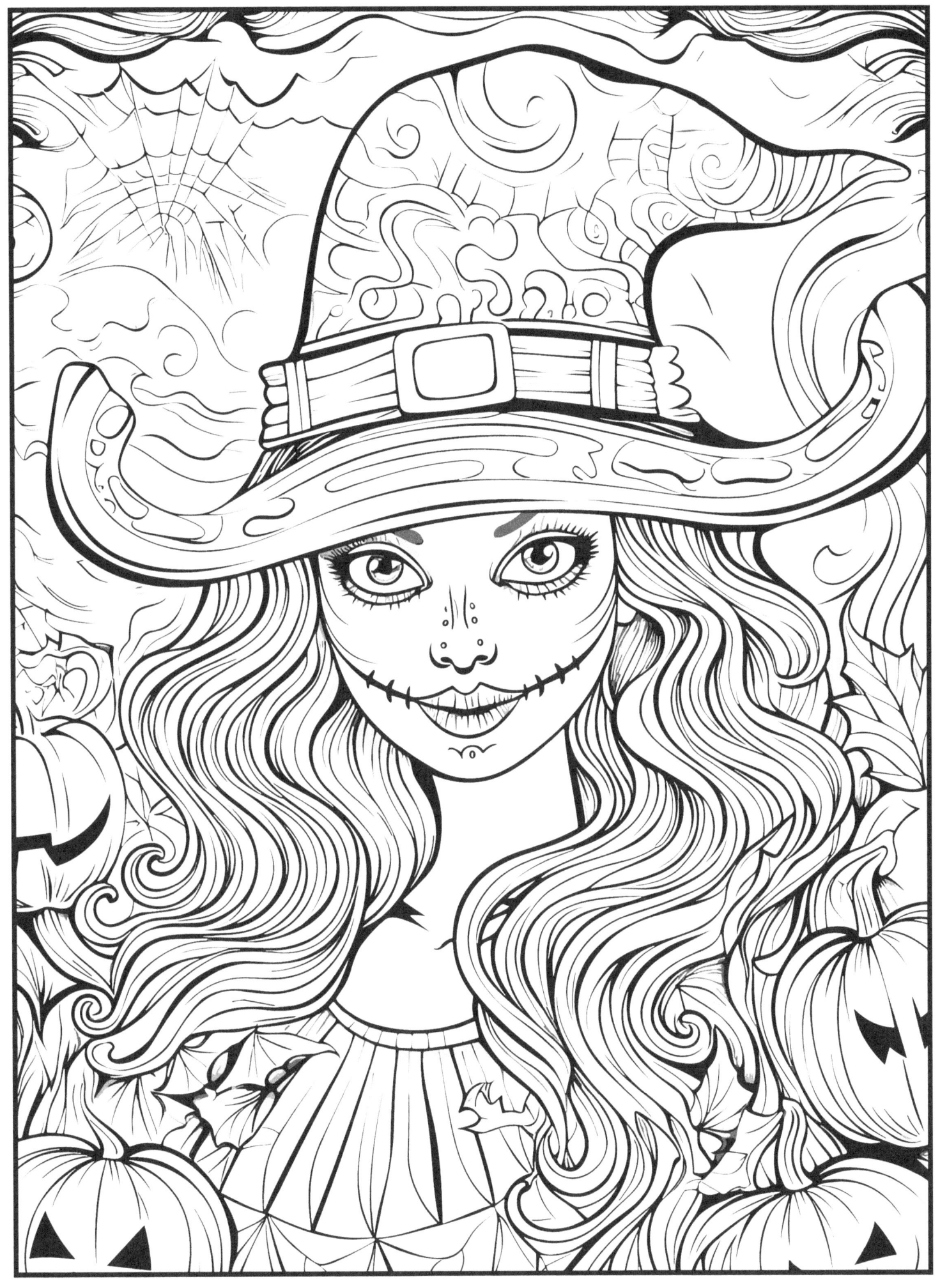

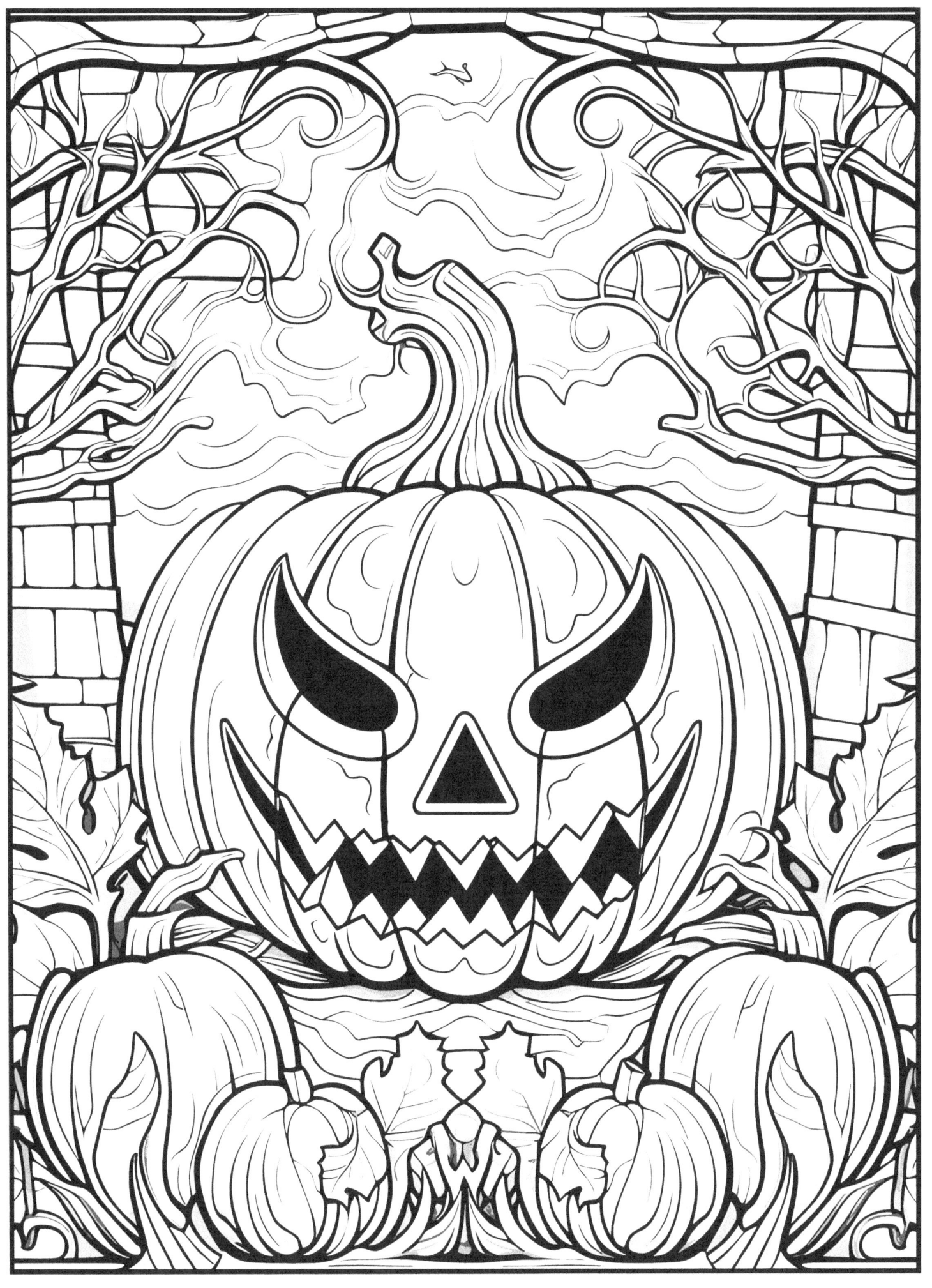

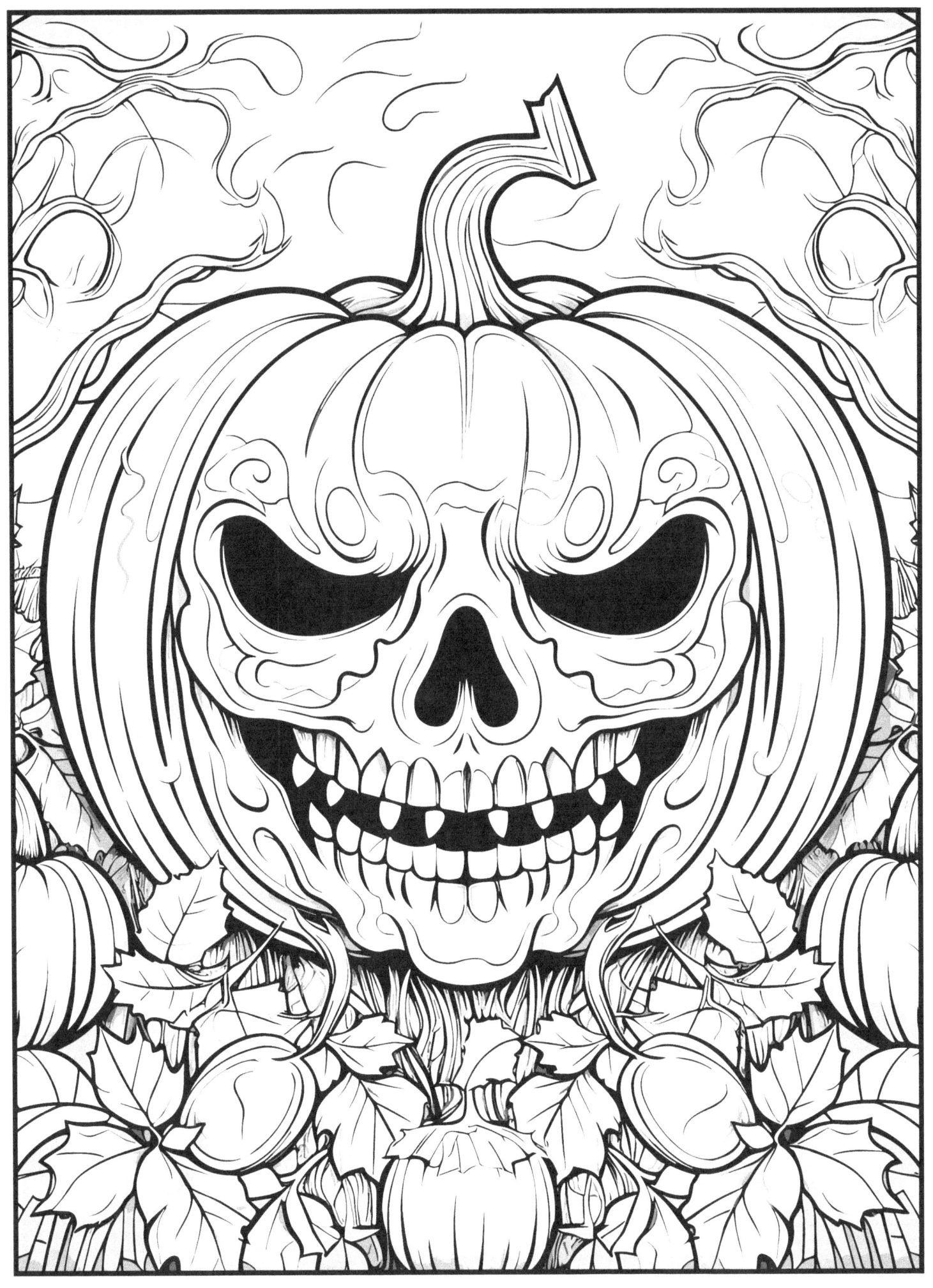

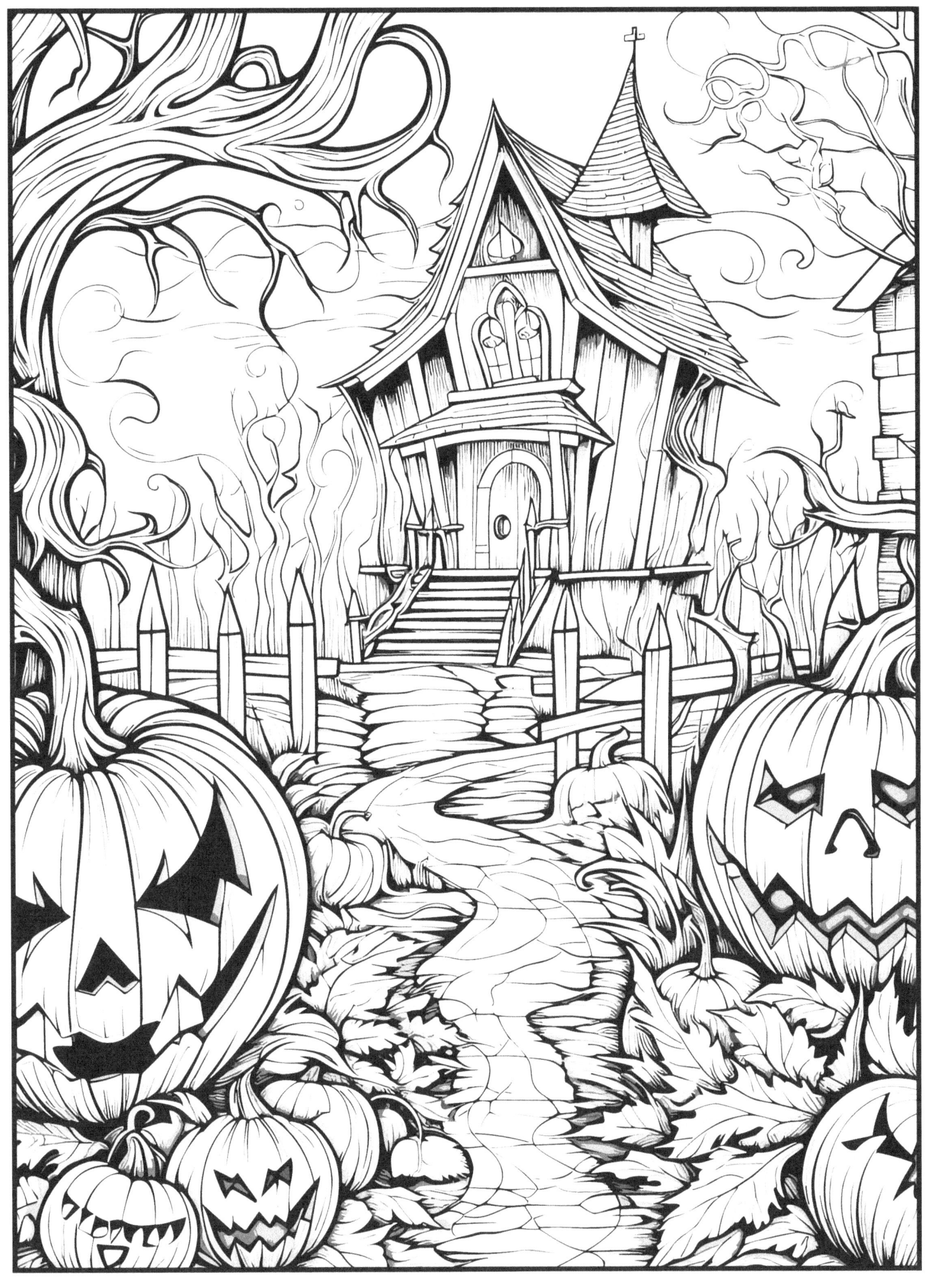

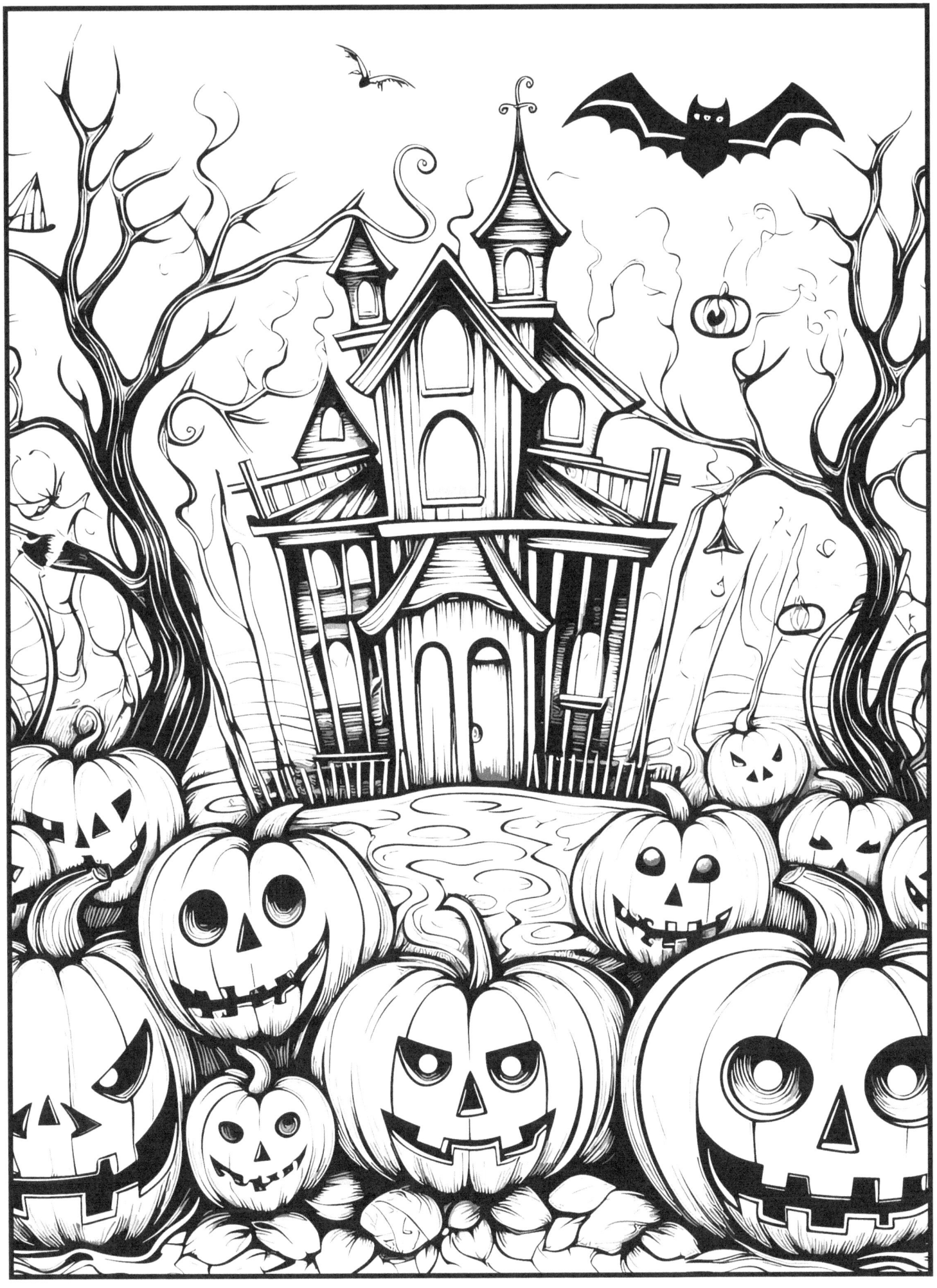

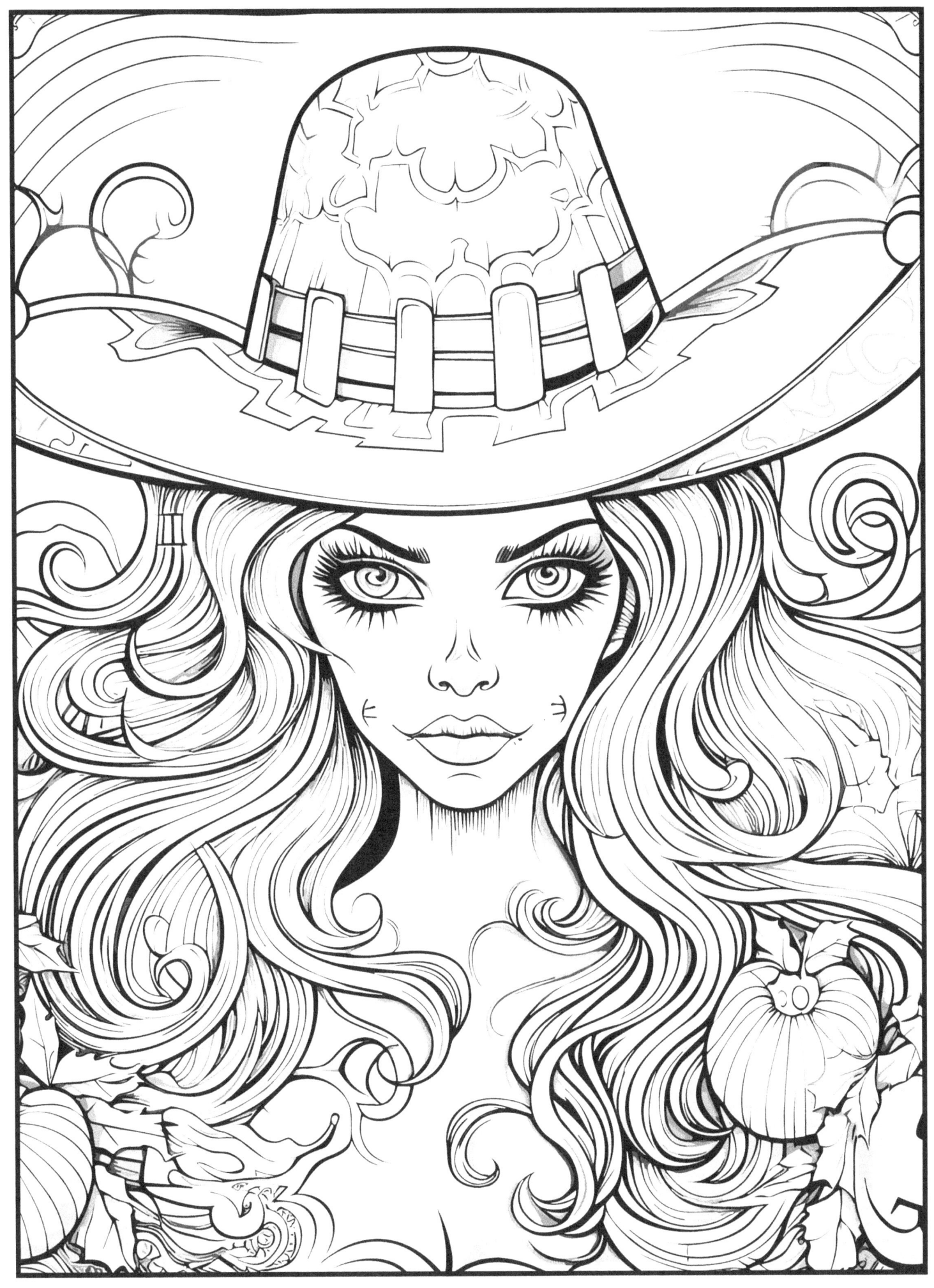

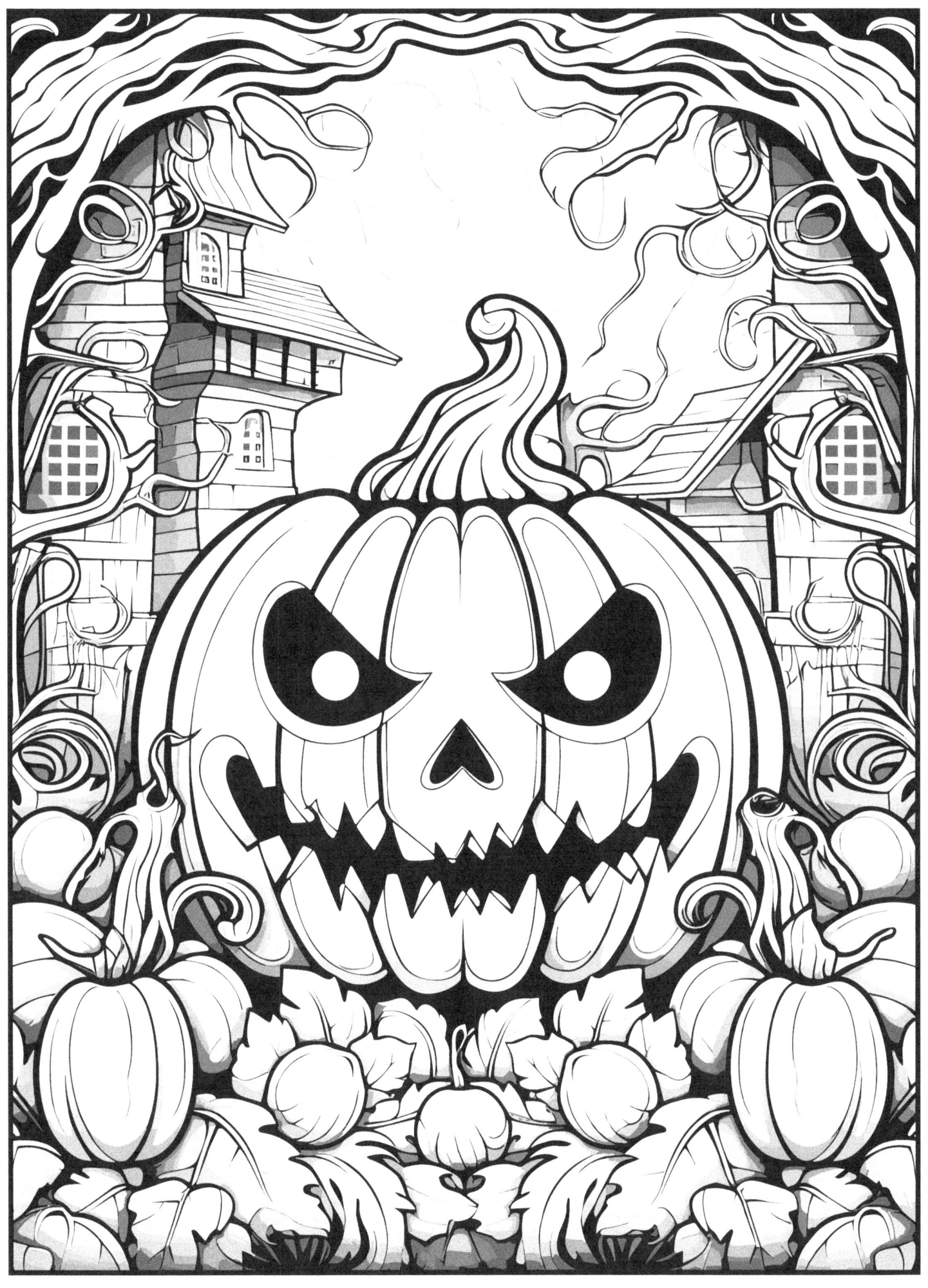

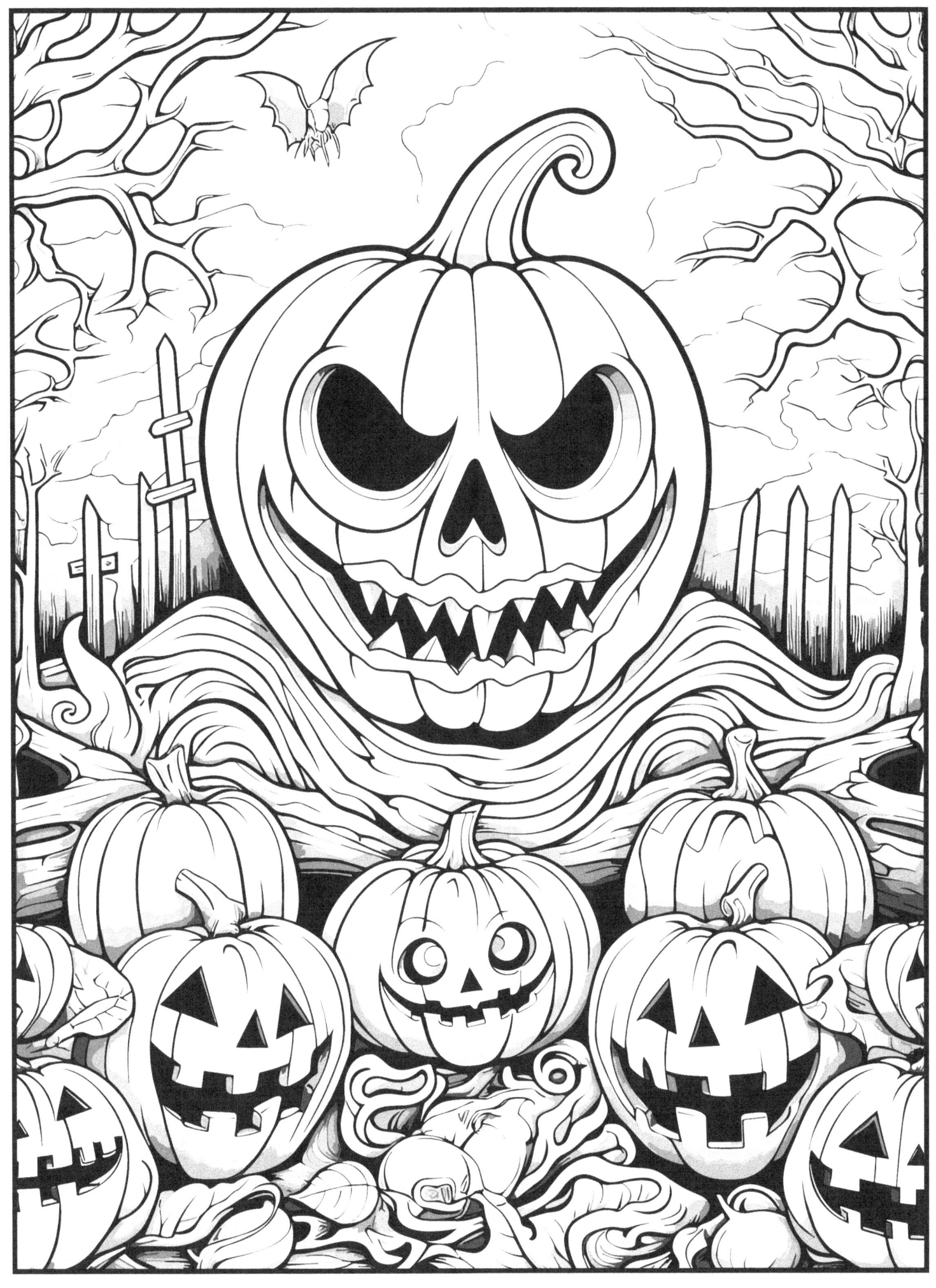

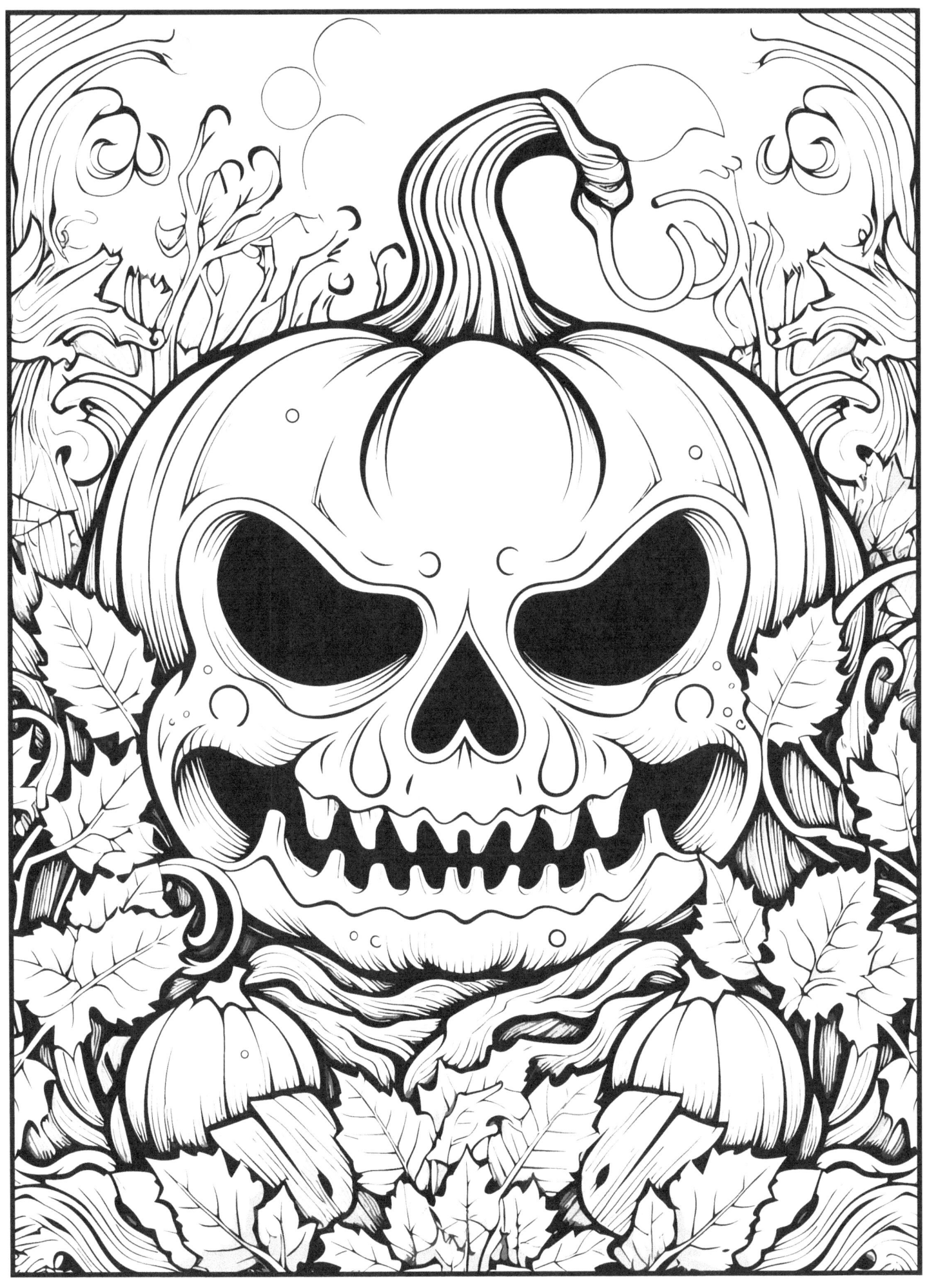

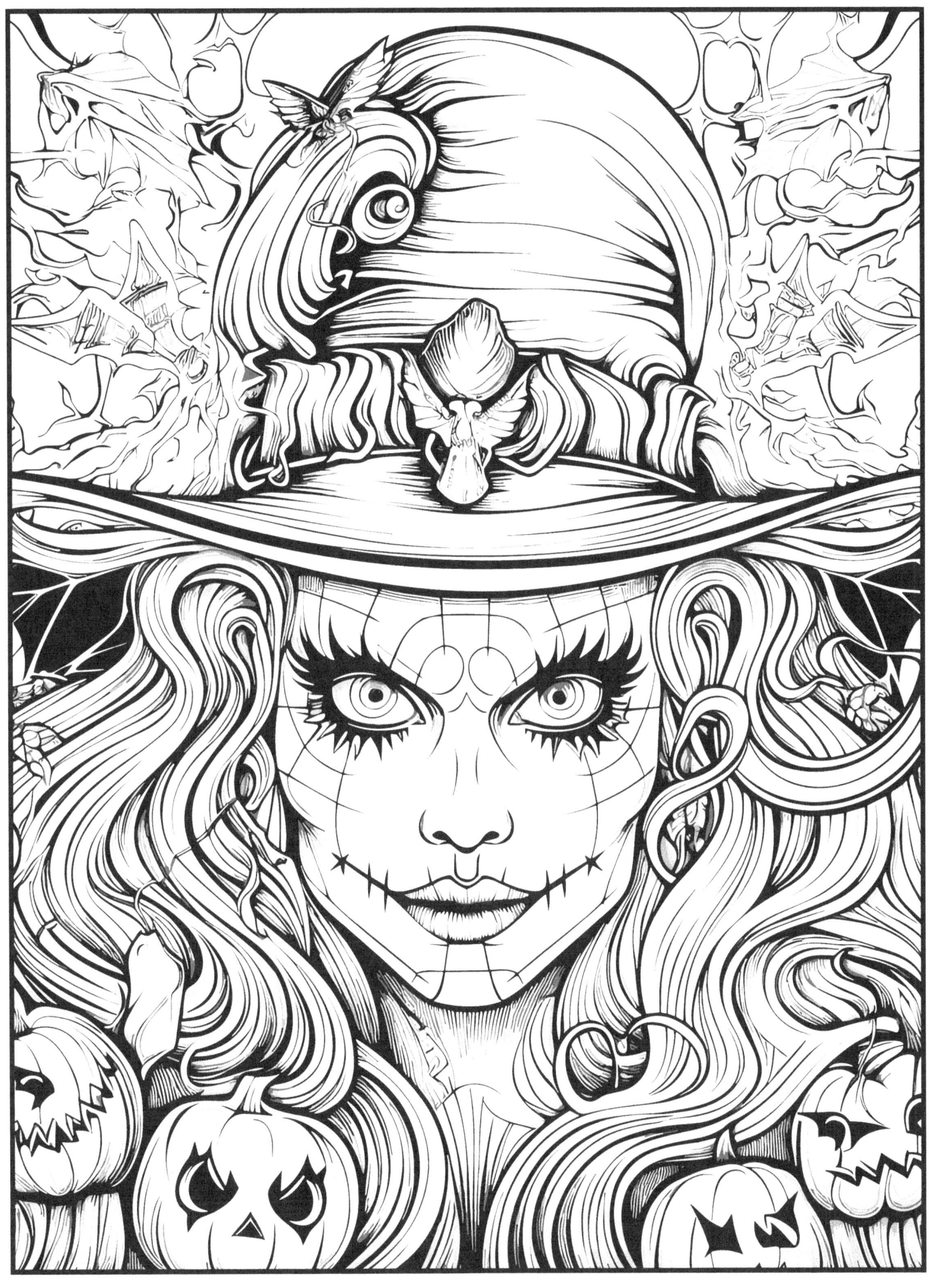

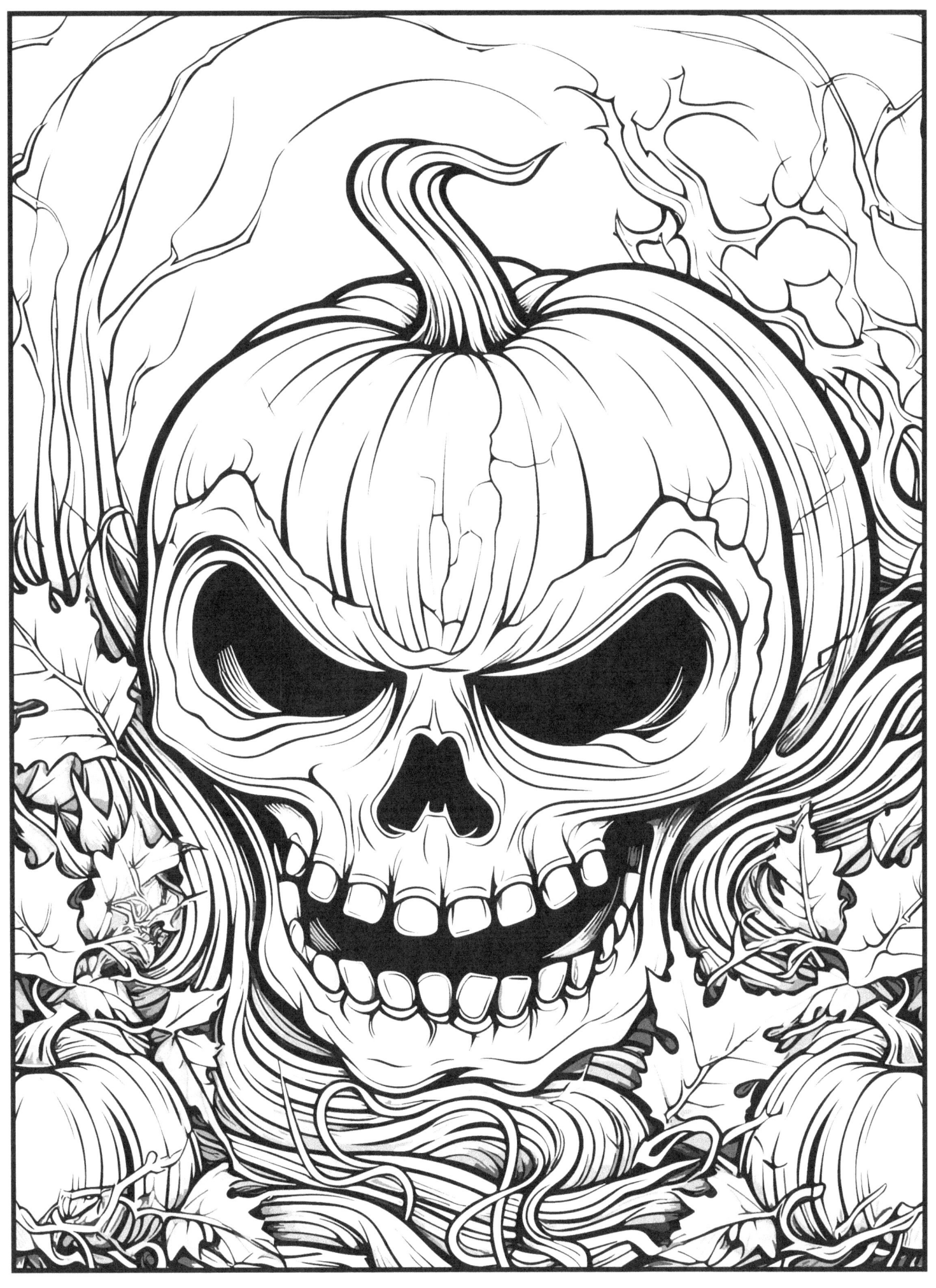

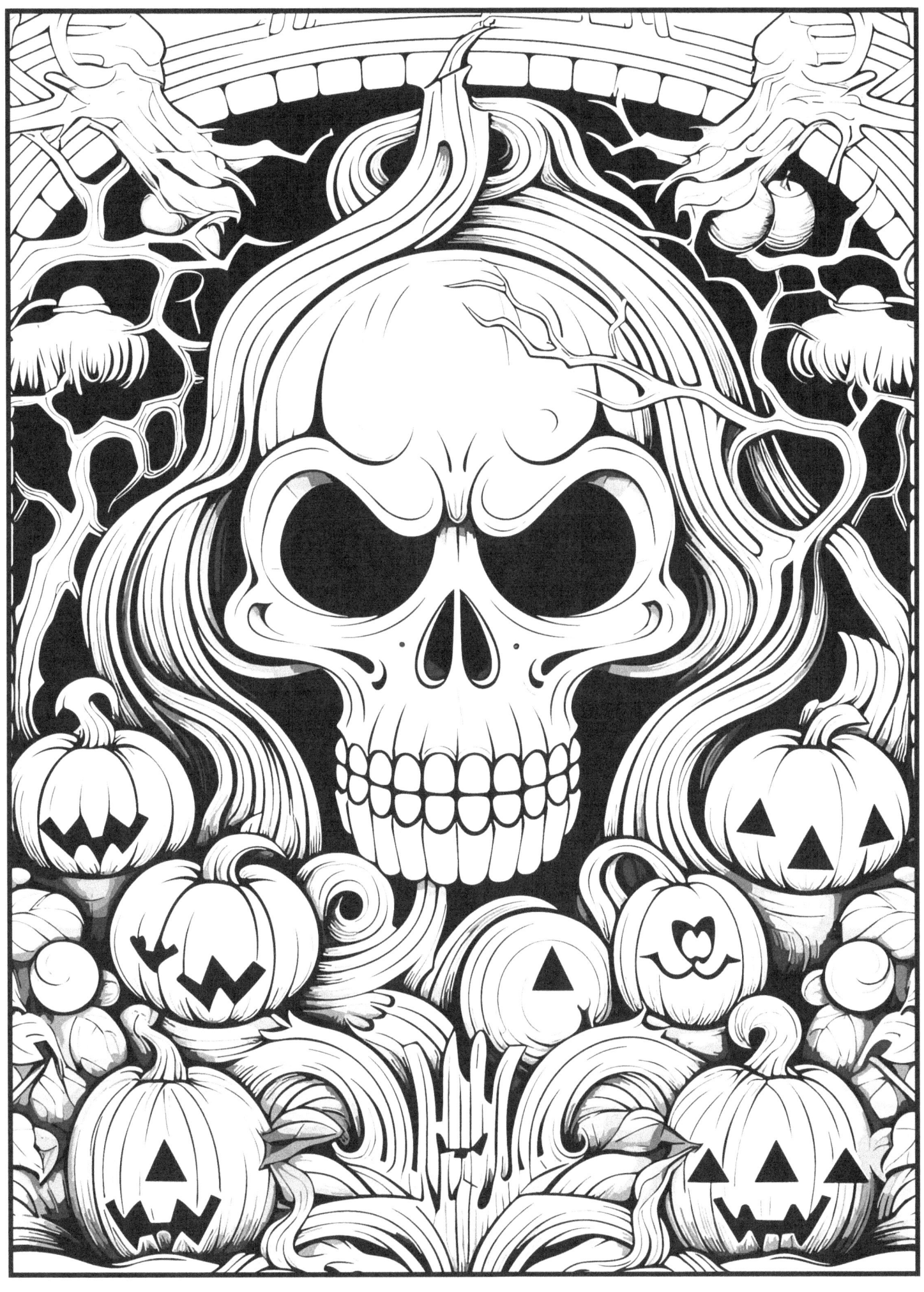

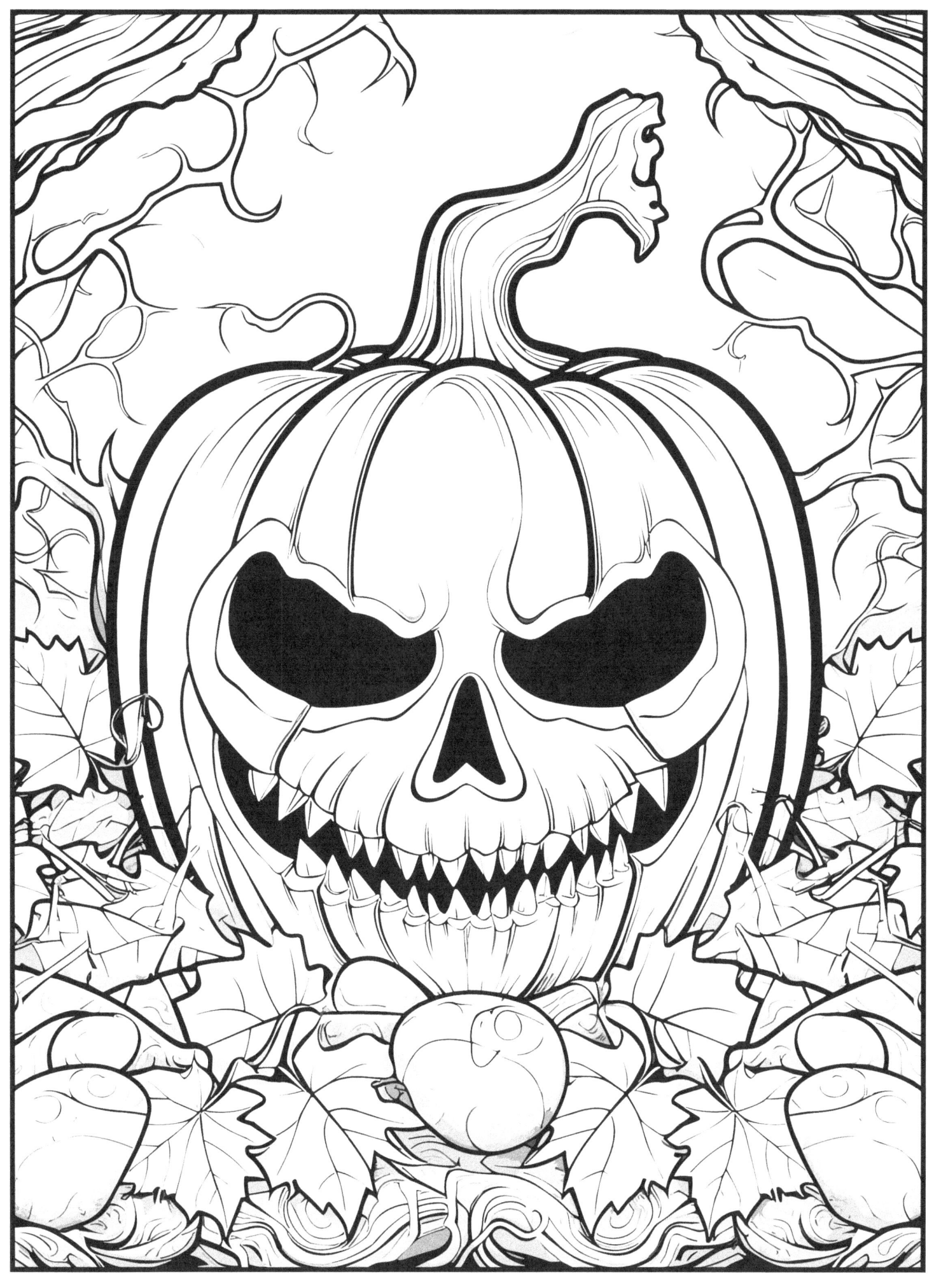

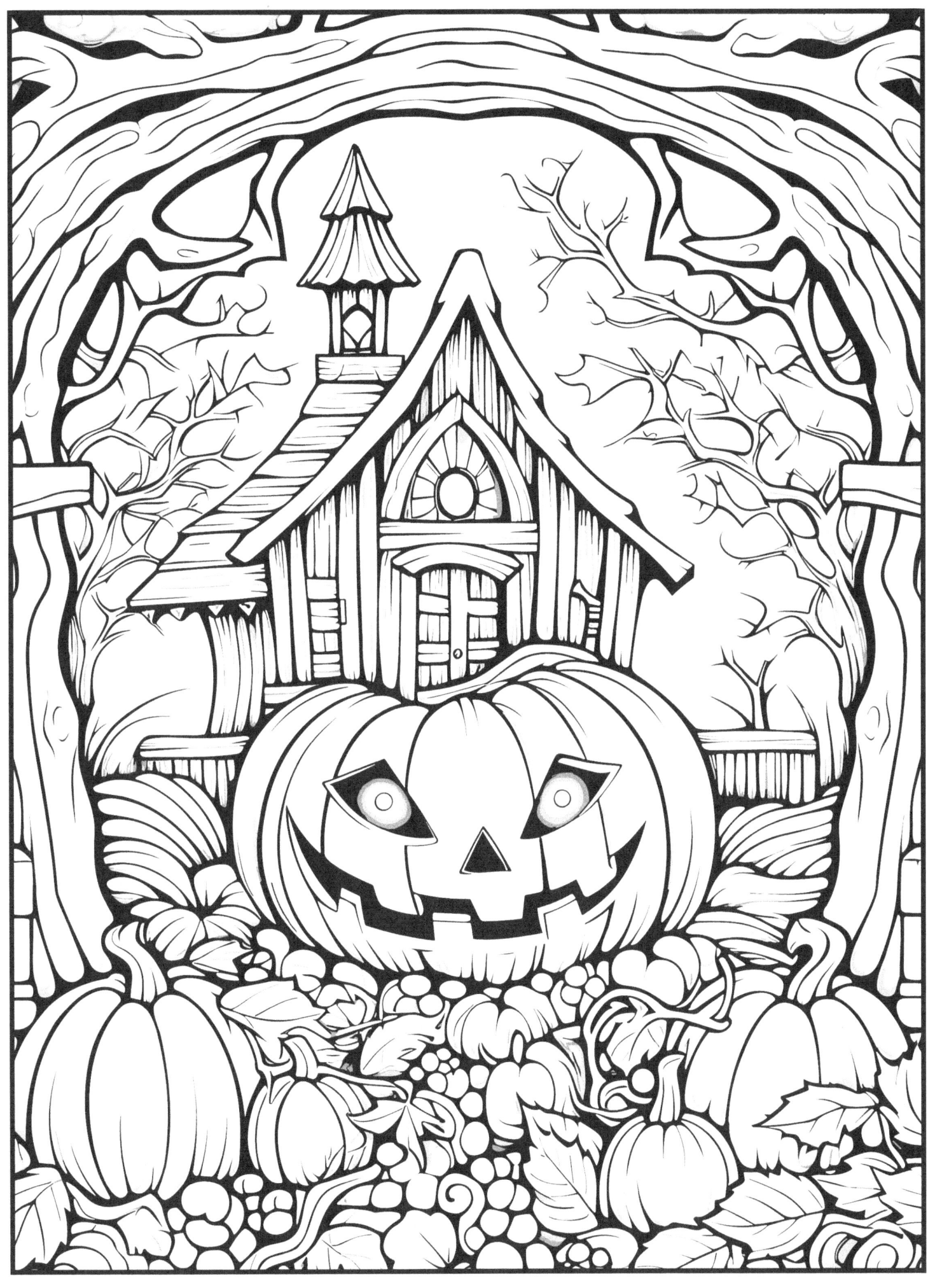

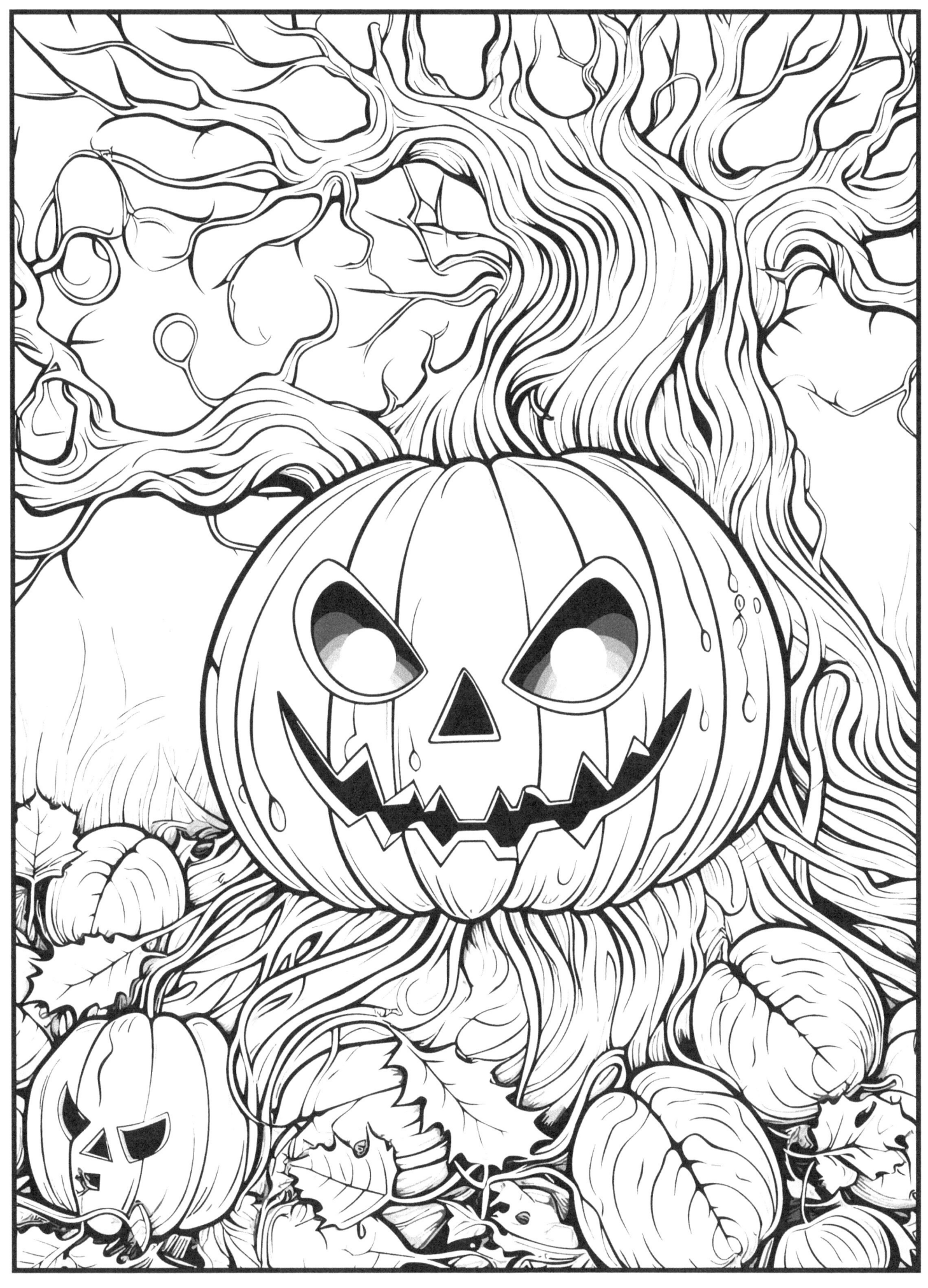

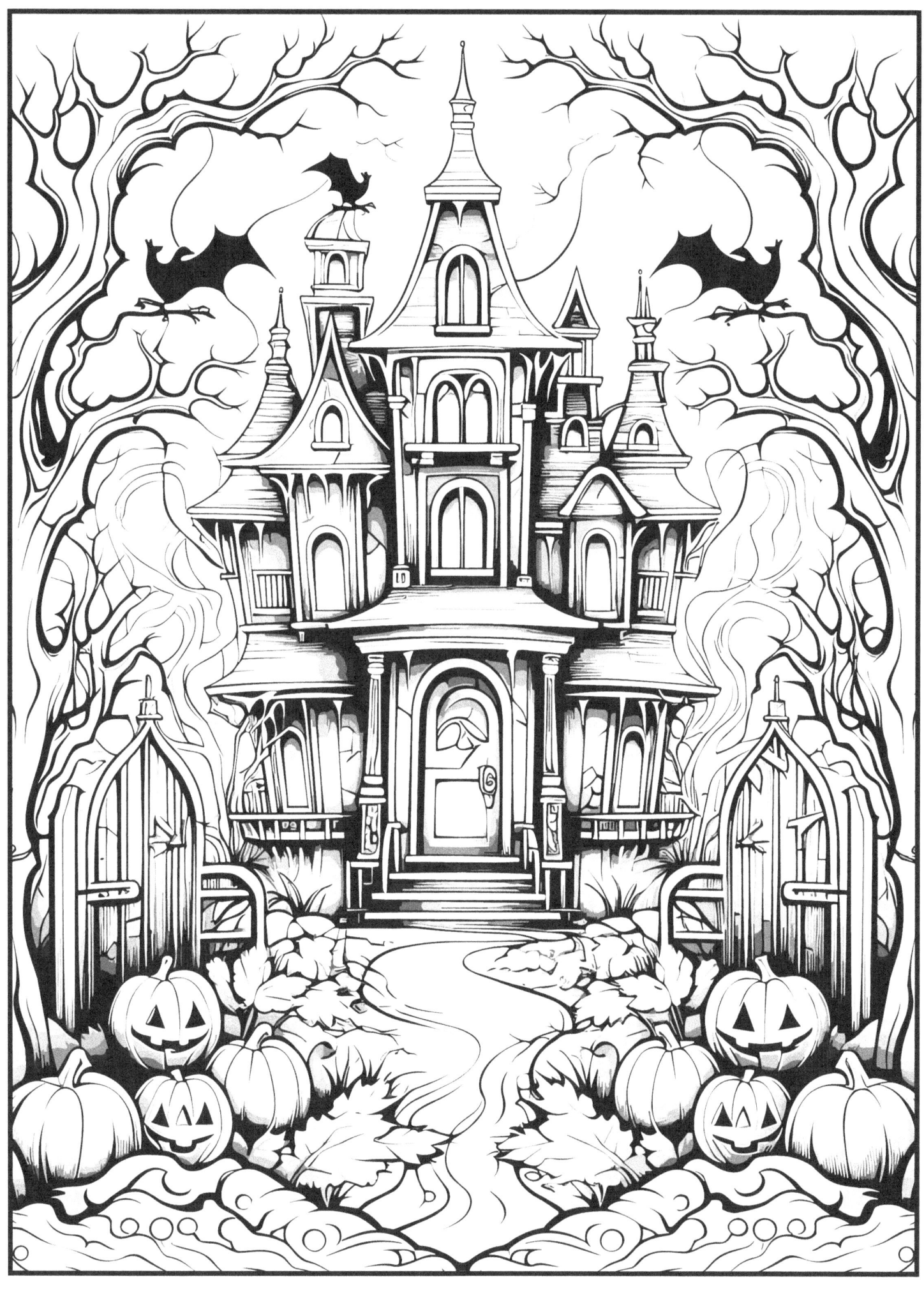

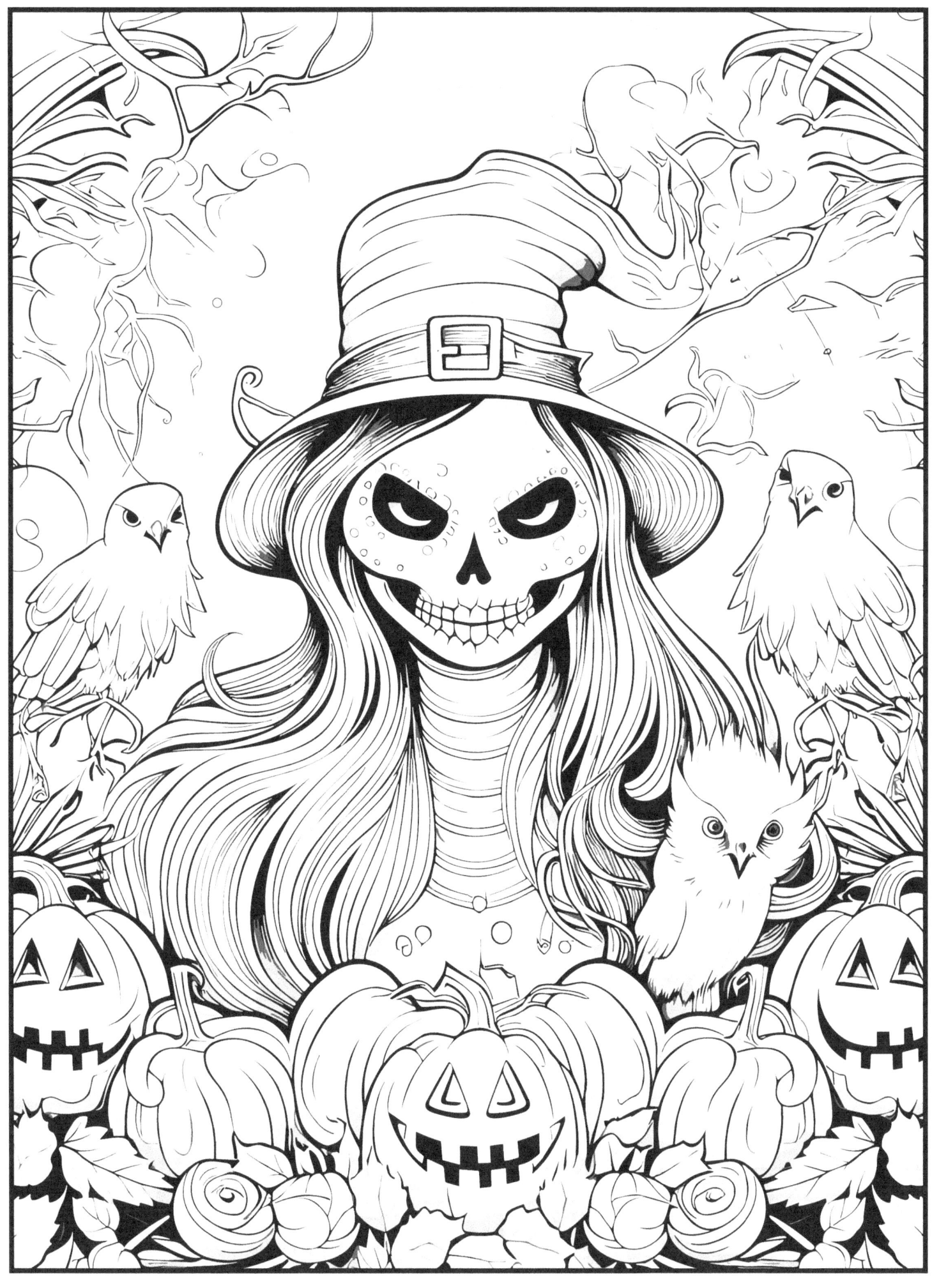

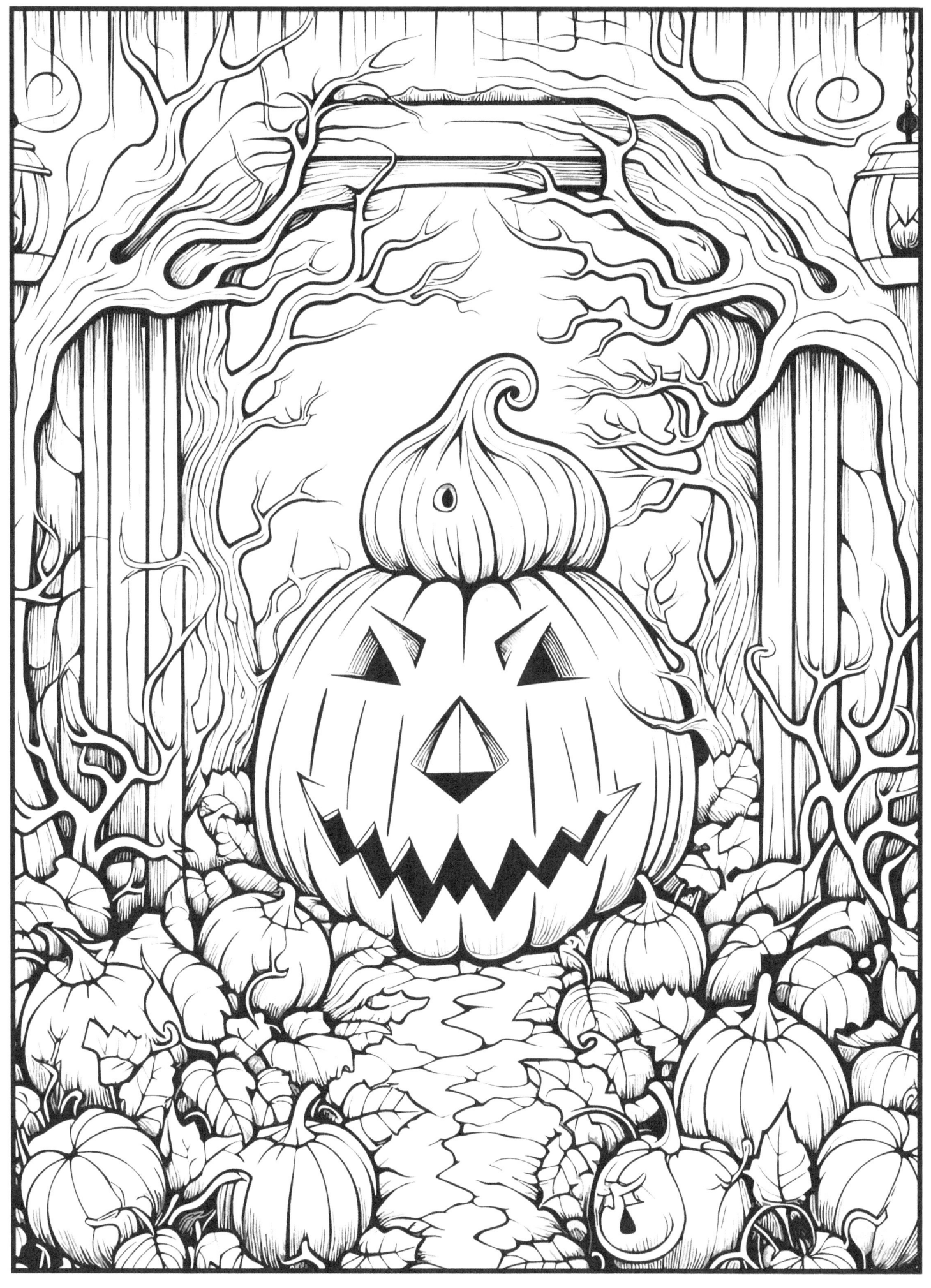

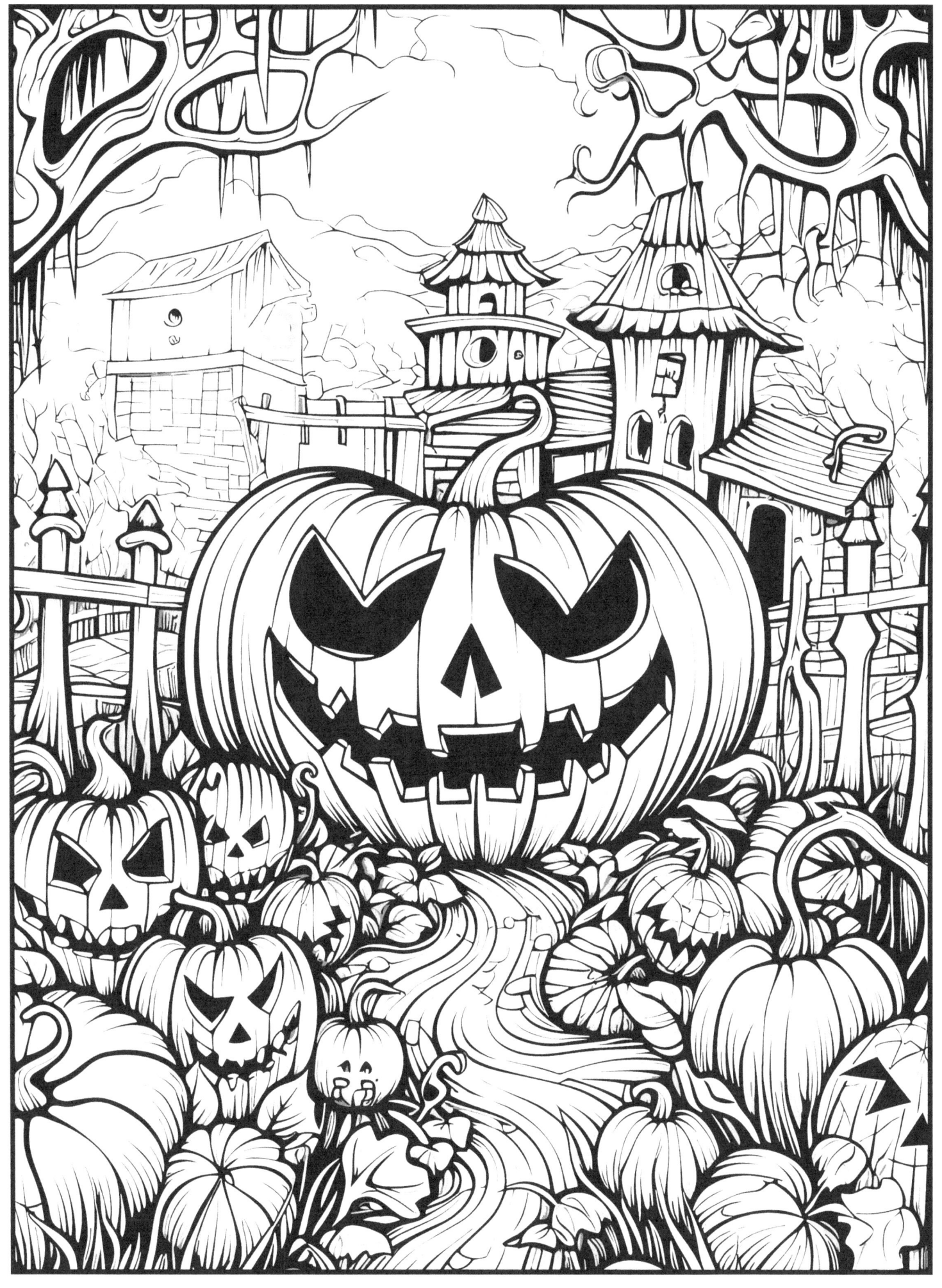

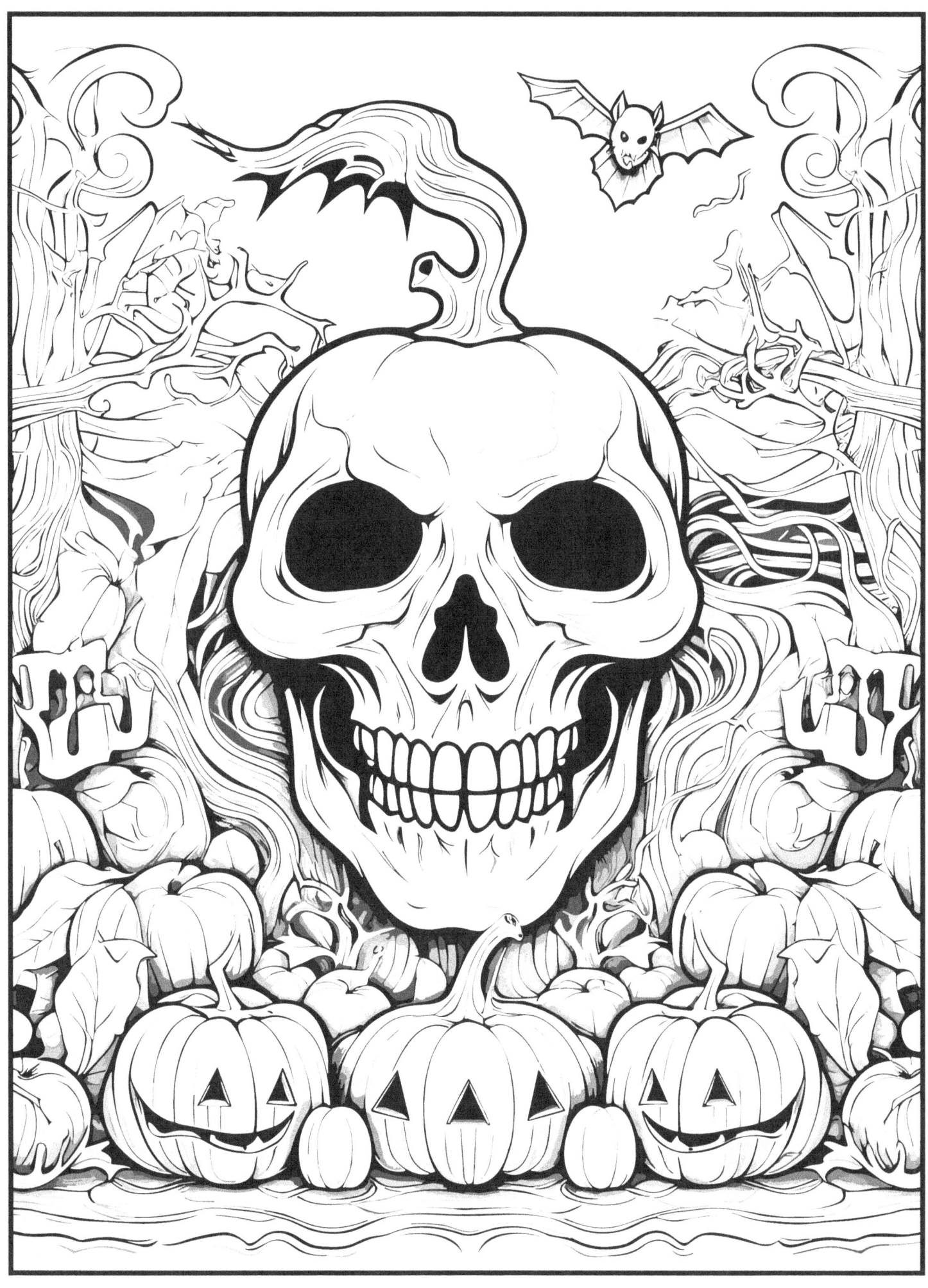

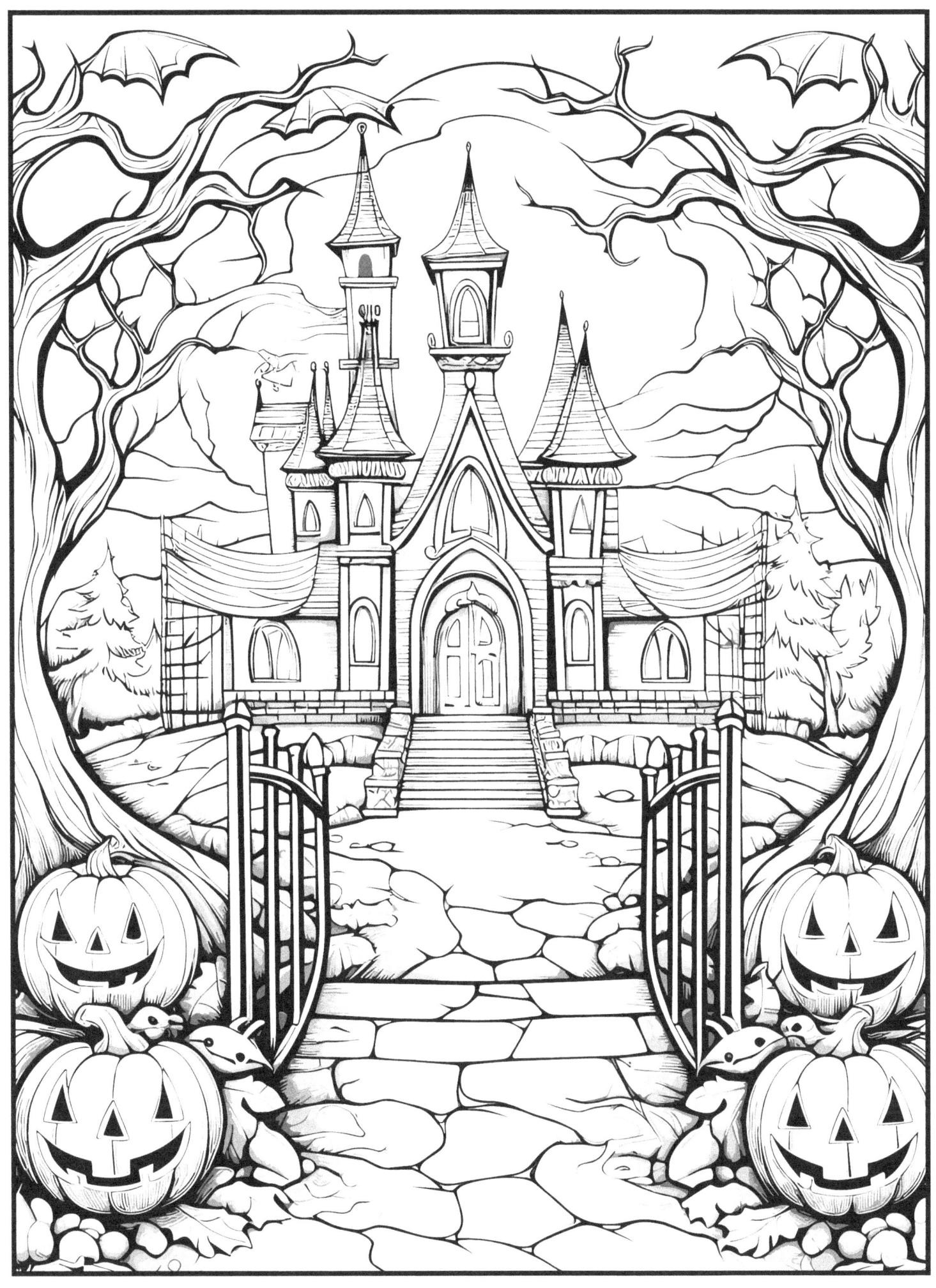

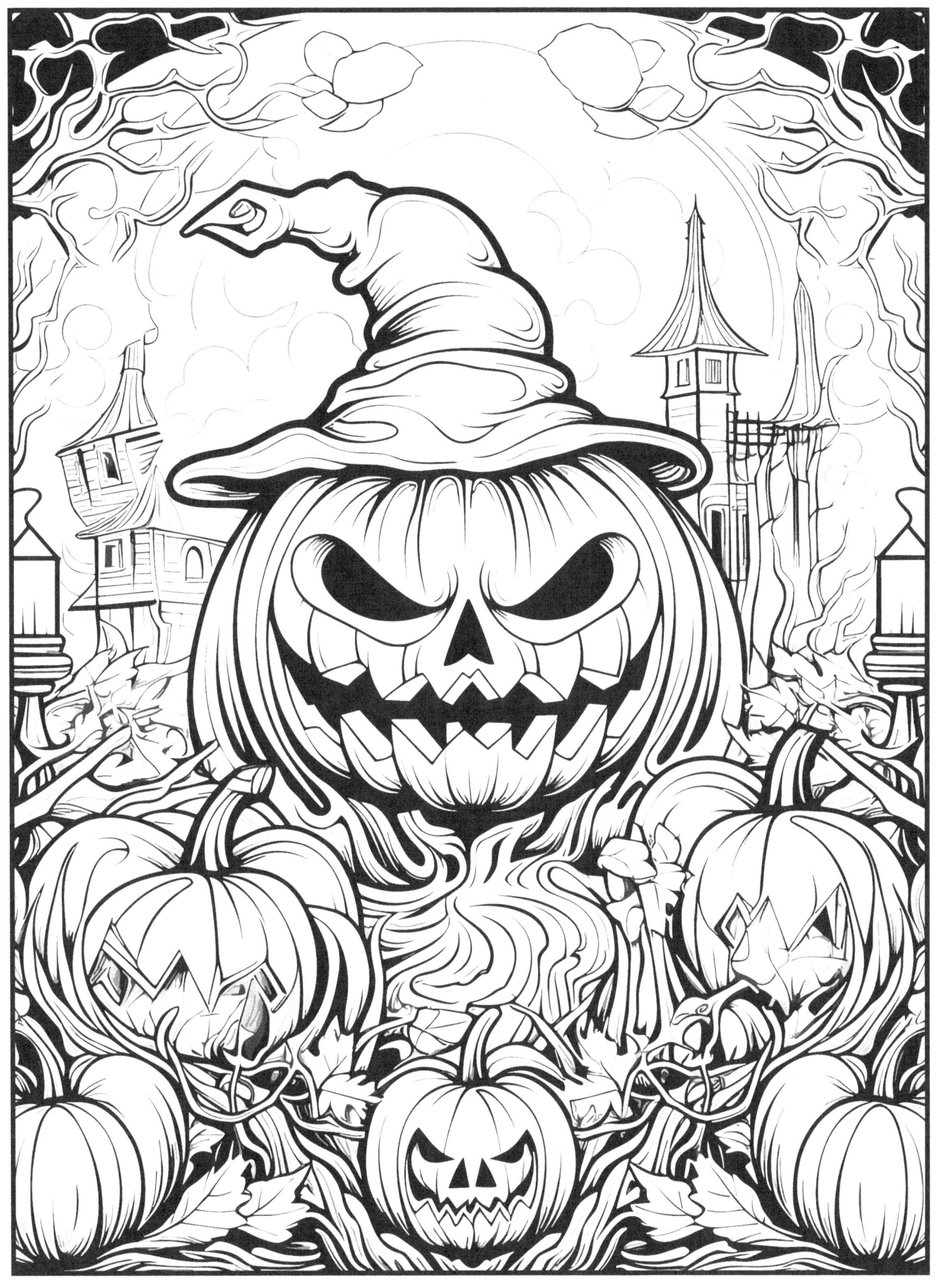

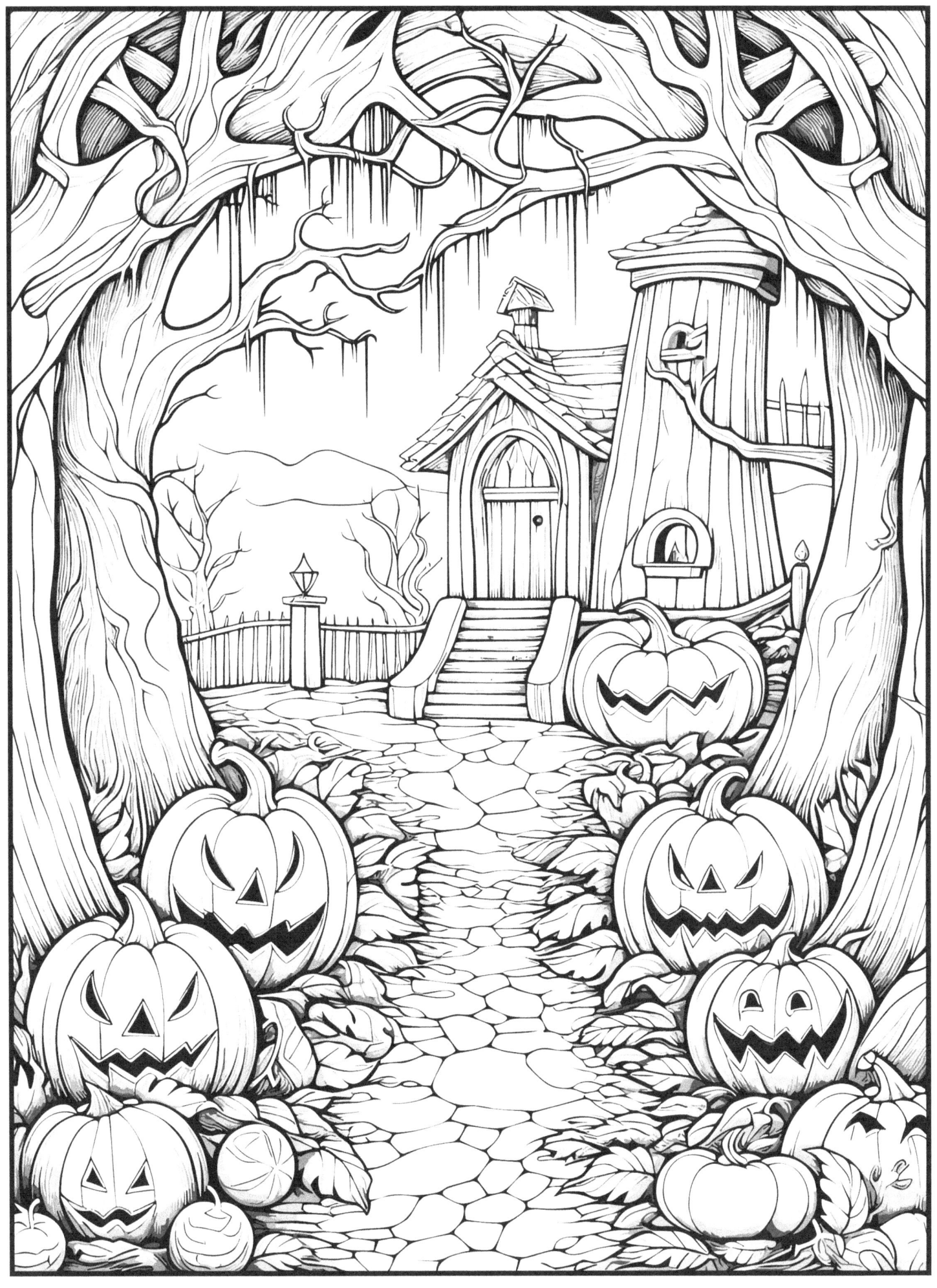

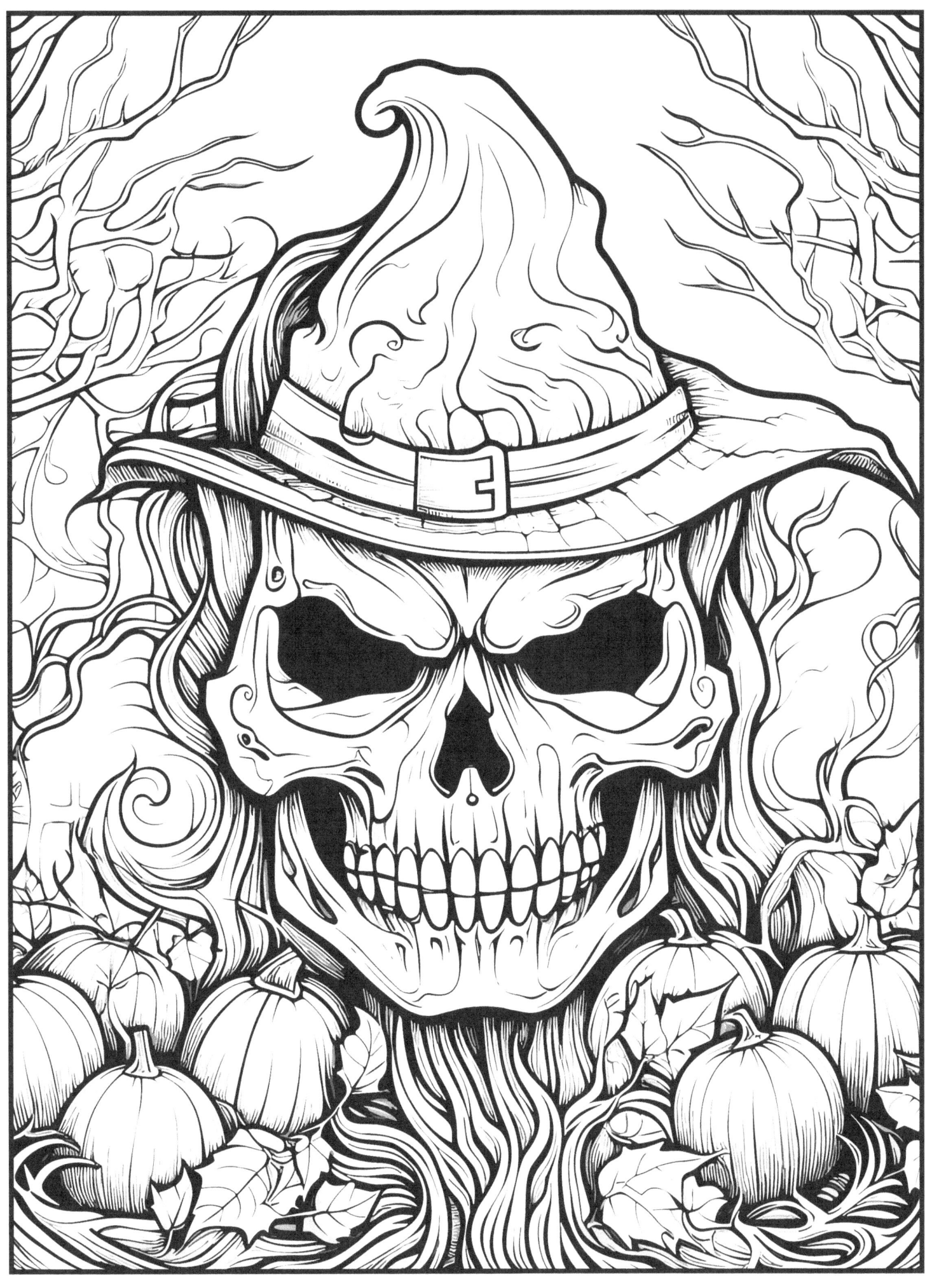

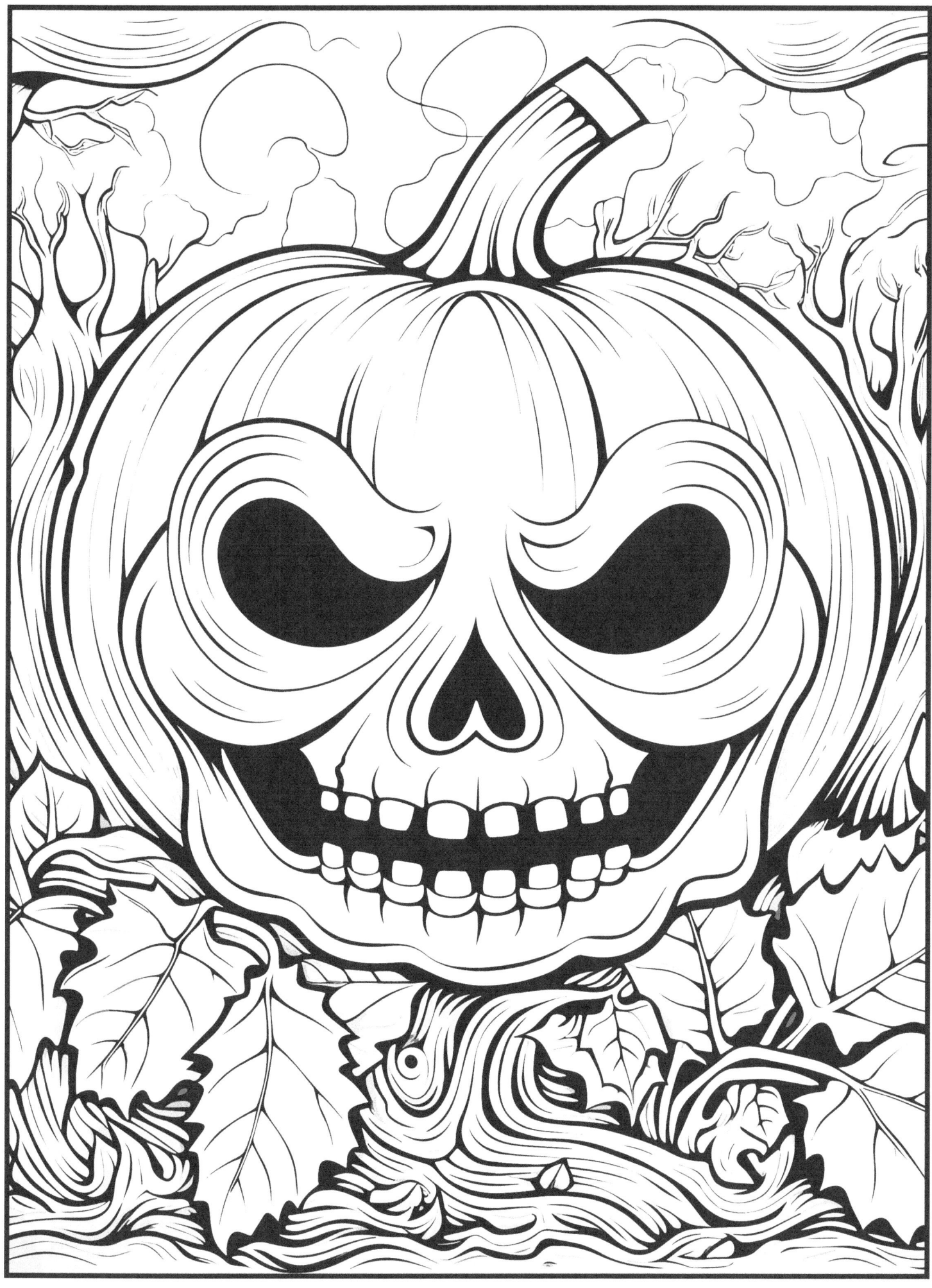